YOUTH PROFILES OF TSINGHUA

清華少年说

第四辑

郝浩 主编

清華大学出版社

北京

图书在版编目（CIP）数据

清华少年说. 第四辑/邴浩主编. —北京：清华大学出版社，2019
ISBN 978-7-302-53378-8

Ⅰ. ①清…　Ⅱ. ①邴…　Ⅲ. ①清华大学－大学生－访问记　Ⅳ. ①K828.4-53

中国版本图书馆 CIP 数据核字(2019)第 158098 号

责任编辑： 王巧珍
装帧设计： 王红卫　赵　晖
责任校对： 王荣静
责任印制： 丛怀宇

出版发行： 清华大学出版社
　　　　　网　　　　址：http://www.tup.com.cn，http://www.wqbook.com
　　　　　地　　　　址：北京清华大学学研大厦 A 座　　邮　编：100084
　　　　　社　　总　　机：010-62770175　　　　　　　邮　购：010-62786544
　　　　　投稿与读者服务：010-62776969，c-service@tup.tsinghua.edu.cn
　　　　　质　量　反　馈：010-62772015，zhiliang@tup.tsinghua.edu.cn
印　装　者： 三河市龙大印装有限公司
经　　销： 全国新华书店
开　　本： 145mm×210mm　　**印　张：** 11.25　　**字　数：** 296 千字
版　　次： 2019 年 8 月第 1 版　　**印　次：** 2019 年 8 月第 1 次印刷
定　　价： 62.00 元

产品编号：083983-01

本书编委会

主　编：郗　浩
副主编：鄂炎雄　韦　江
编　委：曾繁尘　王泰华　于士杰　高丽莹　王思晗
　　　　陈婧佳　尹浜兆　付曼菲　王　洋　吕腾飞

总序

　　先与大家分享我最近的一些感受。去年 11 月，我与几位教师送赴藏工作的毕业生到任。到拉萨后，西藏自治区党委书记陈全国同志与我们见面，我说，这些年，清华有一大批选择在包括西藏基层乡镇工作的学生，他们在毕业时做出了有方向性意义的事业和职业选择。这一选择，是能够代表中国青年未来方向的，也因此代表了中国未来的方向。

　　说这话的时候，一个个鲜活的、充满着青春朝气的面孔，像电影画面一样，在我的脑海里渐次闪现，融进清华园及山川大地的背景之中，重叠交错起来，我禁不住热泪盈眶。

　　这是一批优秀的清华学子。清华园里的求学经历，在他们的骨子里刻下清华的大学文化印迹，若仔细看，你会从这印迹里看到非常丰富的内涵，有家国天下的情怀，有中外、古今及文理的贯通与会通，有严格科学训练后的严谨求实，有对生活的热爱和追求，有挑战未来的勇气和信心……因而他们在毕业时，能够做出这样的职业选择。他们不是只为自己有更好的生活，而是希望通过努力，让更多的人能够过上幸福美好的生活。很多清华同学放弃了好的生活环境，放弃了高薪收入，而去了边远的乡村基层，去了与国家利益紧密关联的机构和单位，他们经历着挫折和煎熬，努力着，奋斗着，甚至牺牲着。

　　作为老师，我看着这些同学怀着青春的梦想，进入清华，看着他们在清华园里成长、成熟起来，看着他们内心变得强大起来，看着他们建立起面向未来的更宏大的抱负和梦想。"清华研读间"微信公众号推出的一篇文章《在清华大学就读9～10年是怎样一种体验》中有这样一段话："几年清华生活下来，看到越来越多清华师长用'自强不息，厚德载物''行胜于言'扛起一代清华人优秀品质的旗帜。如果说这样的人在入学时还有些遥远感，现在却对这些人编织出一张连续的图谱，自己的同窗挚友已经成为这样的人。"我深有感触。

《清华少年说》里讲的就是这样一批清华学生。他们身上展现出了清华学生的优秀品质，他们每个人也有着自己的突出个性。我们也可以从中了解和认识当代清华学生的特点，了解他们的思想，他们对自己、对社会的认识，他们对待生活、工作的态度，等等。

作为清华的一名教师，有机会与这样一批优秀的同学在一起，与他们深入交流，与他们一同成长，被他们鼓舞和鼓励着，我也因此被极大地丰富了，无论是在思想上和精神上。这是教师独有的一种幸福。

以此为序。

清华大学党委副书记

2016 年 5 月

前言

凌晨一点，前一天刚刚获得特奖的司桂恒在建筑学院打印出了精心制作的设计图；

凌晨六点，解决了第二个数据点编译问题的超算团队队长于纪平在赛场桌子下小憩；

中午 12 点，校园讲解志愿者正在滔滔不绝地为游客讲解大礼堂过去与现在的故事；

毕业典礼后第五天，马克思主义学院硕士毕业生赵玉义无反顾地选择奔赴祖国的西部基层；

《水木道》拍摄的最后一天，导演刘西洋跌进深冬的校河，大喊："先拉摄影机出来！"

……

当时间的指针任意回溯、定格，对于本书中所有的主人公来说，默默奋斗的艰辛要远多于聚光灯下的惬意。《清华少年说》从 2016 年的第一辑到第四辑，记录了上百位清华学子多样的闪光青春，就像有人说的，经过圆心能画多少条直径，人就有多少种生活方式。但想要言之有物、行之有效，让生命从蛮荒旷野走到闪耀星河，再多的方式也会殊途同归到一条叫作奋斗的路上。

除了奋斗，大家还乐于谈清华之美，比如月光映照在荷塘粼粼的水面，清风摇动着同方部满墙绿叶沙沙作响，又或是雨水将清华学堂的灰色冲刷得更加质朴清雅。赋予这些为人津津乐道的景观以底蕴和气质的是清华悠长历史的累进和积淀，而百年以来，清华的恢弘格局无不彰显在每一个清华人具体而微的故事里。所以,清华风貌和清华精神不是被定义出来的,而是通过一代又一代清华学子的言行做注脚讲述出来的。这也是《清华少年说》一直更新出版的初衷,即通过讲述学子的所选所爱、所思所行展现一个多样的清华,也在变化中展现薪火相传的清华。

所以,不言而喻,《清华少年说》说的不是天赋异禀,而是"逆水行舟,不进则退"的认真勤勉;说的不是清华光环,而是"行胜于言"的实干精神;说的不是成功的捷径,而是"跳出舒适圈"的自我挑战;说的更不是精致的利己主义,而是"厚德载物"的家国担当。

梁启超先生在《少年中国说》演讲中说:"美哉我少年中国,与天不老!壮哉我中国少年,与国无疆!"今天,我们说:"美哉我少年清华,与天不老!壮哉我清华少年,与国无疆!"

相信清华学子滚烫的青春故事会随着他们奔赴各地而在祖国的每一个角落继续上演。

目录

第一章　多维学霸 ·· 1

司桂恒：不只做设计者，不止为建筑人 ················· 3

吕一铮：用六种语言诠释环境人的风采 ················· 13

刘充：充耳有闻，想把园子里的精彩讲给你听 ········· 21

曹越：双肩挑，我的路和远方 ························· 31

颜枫：见到漫天飞舞的粉煤灰时，我感受到了肩上的责任

　　和重担 ·· 38

白蕊：清华人要做就一定要做世界级难题！ ············· 45

史凯特：她来自澳大利亚，在清华拿了特奖 ············· 53

吴蔚：从废弃物料到国际大奖，青年雕塑艺术家的坚守 ······· 60

张学强：探赜索隐　钩深致远 ························· 67

胡尊严：星辰凤驾　追赶朝阳 ························· 74

曹天宇：智造之路　赤子之心 ························· 81

第二章　校园达人 ·· 87

修新羽：写作就像我的呼吸 ··························· 89

宿涵：科技让音乐更美好 ····························· 94

刘西洋：他用影像，呈现给世界一个多彩的清华 ········· 99

王德龙 & 管玉磊：立体二校门录取通知书的故事 ········· 110

清华大学校园讲解志愿者：自我实践，服务他人；自我

　　教育，推动社会 ································ 115

温家星：2018，卫星刚入轨，梦想刚上线！ ············· 120

程正雨：我终于成为了一名村民 …………………………………… 126

清华大学超算团队：兴趣、挑战、不断前行 ………………… 136

沙明：志合者，不以山海为远 …………………………………… 141

王明媚：清华快闪女指挥背后的故事 …………………………… 145

第三章　别样青春 ………………………………………………… 153

廖宁：征服超级铁人三项赛，她成了清华第一个女"铁人" …… 155

林子钏：拼下生命中的每一球 …………………………………… 166

鄢晓君：用创业挽救生命 ………………………………………… 174

2018 年清华登山队：拥抱雪山，挑战自我 …………………… 181

王宇：遇到障碍，挑战它，征服它 ……………………………… 193

徐晨：创业这件事，从一份大作业开始 ………………………… 203

曾繁尘：在清华做新媒体的 500 天 ……………………………… 211

金文恺：我在非洲实习的 50 天 ………………………………… 217

余霄：想青年之所想，讲青年之所讲 …………………………… 226

巴达伟：以文学架起中非桥梁 …………………………………… 236

孙梦园：献血 28 次的清华女孩 ………………………………… 242

包育典：结缘乒乓，又因乒乓结缘 ……………………………… 247

赵闯：坚守理想，行胜于言 ……………………………………… 252

第四章　责任担当 ………………………………………………… 257

郑艺：西北的星空，有我一份点缀 ……………………………… 259

林荣灿：猛将起于卒伍，祖国应当是每个人的志向 ………… 265

赵玉：担情怀，赴西部 …………………………………………… 272

王政：做和英雄并肩战斗的人 …………………………………… 278

周崇武：行己有耻，使于四方 …………………………………… 286

李俊：藏区海拔 4 950 米，这名消防员要做一名"帕灯村
　　村民" …………………………………………………………… 294

清华研究生支教团：深入基层支教育人，书写别样精彩
　　人生 …………………………………………………………… 304

曹超纪：基层三十日，体会真正的扶贫百态……………… 308

马克思主义学院研究生群体：信仰，让青春的脚步更加

　　　坚定 …………………………………………………… 317

清华大学唐仲英爱心社：公益之行，我们永远在路上………… 326

李茂林：干事创业，一心报国——做有担当的五道口人……… 338

多 维 学 霸

司桂恒：不只做设计者，不止为建筑人

文　李恺文

• 司桂恒　清华大学建筑学院 2015 级本科生

司桂恒站在特奖答辩台上对着观众语速飞快地讲述着自己的经历。在上台之前，他已经像特工一样对了表。

他这周太忙了，周三刚考完试，周五要交的图还没有画完，跟答辩介绍人——院长庄惟敏才配合过一次，能不能在规定时间里完成答辩，心里还没底。庄院长介绍他是一个"让老师眼前一亮的才子"，但这个才子此时满脑子想的都是"哇，我要讲不完了，要赶紧把它讲完"。他其实一点也不紧张，他只是想在规定时间内做好自己的事情。毕竟，他心里已经盘算好了，等特奖答辩会一结束，他就直接去建筑馆画图。

司桂恒在特奖答辩中

7分钟，他刚好结束了答辩陈述；第二天凌晨一点三十四分，他打印出了早上要交的设计图。

离不开、放不下的热爱

司桂恒与建筑好像有一种冥冥之中的缘分。

小时候他热爱拼积木，乐高玩具出一套买一套，家里摆满了他的"作品"。高一暑假时，一位清华建筑学院学生的分享，让他突然来了兴趣，于是高二来清华参加暑期学校时，司桂恒偷偷溜到了建筑馆里面，当时楼道里展出的学生作业，打动了当时对建筑还所知甚少的他。他想，它们比自己搭的乐高积木要高级一点。

当梦想已经实现，大四的司桂恒提起"出图"，依然热情不减。他饶有兴致地前倾着身子说："我觉得做模型确实挺好玩的。出图的时候也不是说我一定要逼着自己熬夜，但灵感来了就舍不得回去。"为此，他不止一次地突破了给自己设定的回寝室时间，迎来了一个个通宵加早课的日子。

在建筑学院，建筑设计课无疑是同学们最大的挑战，有所谓"不给活路，暗无天日"的说法。拿了10门设计课的最高分，司桂恒的每一个设计却从不炫酷。他认为可以追求炫酷，但是形体要有道理，"建筑师嘛，踏实也是一种对"。

司桂恒在大二设计了一个养老院，为了让老人们有一种"回到自己小时候居住过的村庄"的感觉，他加入了很多体贴又可爱的小设计："回"字形的院落让老人们只要沿着一个方向走就能回到房间而不会迷路；错落的小坡屋顶让老人们在城市中也能找回童年村落的回忆；屋顶间增添的小院子给每个老人独处空间的同时，也能带来阳光和绿色。

说起建筑设计，他提到最多的词就是"思考"。对于他来说，建筑设计的手法和策略都是后话，最重要的永远都是创作对于这个地段的独特意义。"我要求自己尽量做到，每一次设计就是只能属

司桂恒大二时的养老院设计

于这个地方,它不能被搬到其他地方去。"

大三时,他师从鸟巢中方总建筑师李兴钢教授,做一个清华文化纪念馆的设计。为了表现出清华红砖的材质特点,他一点一点地在电脑上把每一块砖涂好颜色,然后打印出来,再一张张贴到模型表面。任务量大得惊人,最后一周进度几近停滞,他为此熬了四个通宵。

做完之后他甚至去找同学借了个 GoPro 相机,放进模型里拍内景,拍出来的效果好,他也很开心。李兴钢教授称赞他的设计令人眼前一亮,说他"拥有超常的成熟、天分和勤奋"。这是 10 门设计课里唯一的 A－,但却是他最喜欢的设计。

用 GoPro 相机拍摄出的内景

在同学眼里，"司司老师"的每一个设计都"很精致、很好看，工作量也很大"。艺术家工作室的设计，他的模型精致到有马桶和水龙头，屋顶可以拆下来而且还抹个角；城市设计课上要求每人两张 A_1 纸的作业，他和队友竟做了 8 张 A_0 纸。

评图中的司桂恒

画图、做模型这些看似枯燥的事情，对他来说一直都是很有趣的，任何事都不能影响交图。大一时，他得知第一次微积分期中考试只考了 70 多分之后，"虽然当天还是有点伤心，但第二天又仿佛无事发生一样跑到建筑馆画图去了"。

司桂恒说已不清楚自己当年执着选择建筑的原因了。也许是高一时学长的影响，也许是更早的童年兴趣。但现在的他依然真真切切地爱着建筑，他说："学了几年之后，你却发现你已经离不开了、放不下了。"

唯一能做的就是不断探索

对于大一时的司桂恒来说，建筑其实很难入门。整个大一学年，从第一个设计到最后一个设计他一直都很困惑，一直在思考什么是空间,什么是老师想要学生表达的。

回看这段过去,他觉得迈过这个坎,是顿悟而非渐悟的过程。过程很长久,但他的心态一直是好的。"大家一起学习,每天都挺开心的,就这样过来了。"

"我本身也不是特别丧的那种,我还挺开朗,所以也没有'怀疑过人生',没有纠结过。"

大一、大二打基础,大三之后就要在专业设计组里做设计了。司桂恒觉得,在大二这个积累经验的最后阶段,能在庄教授的课题组做设计着实很幸运。

"庄 Sir 确实太强了,每次我都被怼得心服口服。"庄教授的指点让他想到了很多以前从来没有想过的东西。司桂恒在他的指导下做照澜院市场改造项目,16 周时间,2 万多平方米,从园区规划开始,一直到最后家具怎么摆,全都做下来,"对于设计本身有一个很大的思维的进步"。

不过,"对于建筑,闭门造车是不太可能的,最好的学习还是真正去体验"。

带着这种目的,他曾花了两个月的时间游历了大大小小 17 个国家,走一程换一批驴友,每到一地就得看当地的建筑。

他印象最深刻的是荷兰鹿特丹艺术中心,在那里司桂恒尝试重现这个建筑的布局。

"就像玩刺客信条解锁城市地图那样,你站在一个高塔上往下看一圈,之后它的位置就会在你的地图上出现。在建筑里,走了一圈,有些地方的图纸还没有在我的脑子里成型,我就再转一圈。最后大概把各种逻辑都理清楚了。现在回想起来,依然身临其境。"

这趟建筑之旅对他的设计非常有影响,"很多时候我在想我的建筑出发点的时候,我会回想起我当时在(那些)建筑里面是一个什么样的感觉,我会去尝试能不能在一些合适的地方去重现那种感觉"。

2018 年 1 月,他加入了中国建筑学会,成为首批学生会员。"加入之后,你会有机会接触其他院校热爱建筑的同学,还会有和

司桂恒在欧洲

一些厉害的职业建筑师交流的机会。"11月初时,司桂恒作为优秀学生代表参加了学会的沙龙活动。

他很清醒:"我们没有什么真正建房子的经历,也没办法用自己的实践经验去反思。我们唯一能做的就是学习。"

做建筑摆渡人

"我的理想是很坚定的,高一的时候我说想当大学教授,现在还是想当大学教授。"

对司桂恒来说,更大的意义不是设计本身,而是在于把他对于建筑的思考传递给更多的人。在建筑系普遍读硕士、做专业建筑师的大潮流下,司桂恒选择了读博,走学术道路。

他想从身边人开始,传递所思所想。连续三年担任清华大学暑期学校辅导员,连续两年担任清华大学新生骨干营辅导员,2018年担任建 81 班的学生班主任——说到参加这些活动的动机,这个学弟学妹口中的"司司学长"微微一笑说:"我就是挺喜欢跟'小朋友'玩的。"

第一年做暑校辅导员的时候,临近分别之时有好多同学拿着手机来找司桂恒给他录音,"好做以后的起床铃声"。"他们都还挺喜欢我的,或许是从我身上能看到清华人的方方面面吧。"这个温文尔雅的帅气学长魅力十足,"圈粉"不少。

司桂恒(前排最左)做辅导员时与暑校同学的合影

一次次坦诚交流后得到的反馈,也让他备感温暖。在做清华文化纪念馆模型的那段时间,之前在院系宣传部和他共事的学弟学妹帮了很多忙,在他要崩溃的时候帮忙做模型。

司桂恒说,要做建筑摆渡人。现在的他,以辅导员和学生班主任的身份和学弟学妹们一起成长。而在将来,他希望自己能以一名大学教授的身份,把自己对建筑的思考传递给更多人。

有趣的灵魂万里挑一

很难让人想象,这样一位戴着圆框眼镜的斯文少年,曾连续三年在暑校文艺晚会上登台跳舞。

流水的神曲，铁打的司桂恒。

不仅有《失恋阵线联盟》《告白气球》，今年他更是连跳火箭少女《卡路里》、"偶练"主题曲 EI EI 和吃鸡神曲 Handclap，迎来暑校学员阵阵欢呼。

建筑学院学生节开场

司桂恒没有系统地学过跳舞，第一年在暑校晚会的舞台上尝试之后，他感觉不错，后来就带着大家一起练舞，"就是跟着同年级爱跳舞的同学们一起玩"，"蛮开心的"，于是他在大三又加入了街舞社。

用司桂恒自己的话来说，"不管是思维还是性格，我都挺跳的"。1998 年出生的他，沉稳中也难掩少年气质。司桂恒偶尔画画"不正经"的东西，譬如阴阳师，不过在建筑院他不敢说自己是在"摸鱼"——他觉得这是建筑院大触们的专属动词。

对于建筑学院的同学们来说，巴塞罗那国际博览会的德国馆是入门必学的经典。司桂恒周游欧洲时亲身到了那里，从德国馆的一个角落伸出头来，利用墙上的镜面拍了自己现在的微信头像，看起来就像两个头悬在空中，组成了一个对称的心形。

在八字班入学之后，他试探性地问了同学们，却发现大家都还不知道这是在哪儿拍的，就把自己当时拍头像的角度画到了一张德国馆的简图上面，还特地发了条朋友圈，配字"↖如何拍摄头像"。

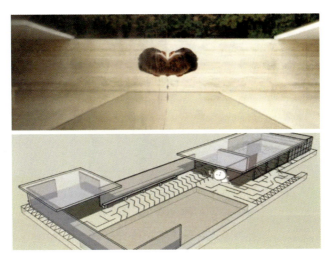

司桂恒在德国馆拍摄头像

"有时候我还挺幼稚的，不过遇到问题时还是会认真思考。"正如庄惟敏教授在开场时所说："他用自己的行动和理想驳斥着利己主义的状态。在照澜院改造项目中，他展现出了对旧建筑的理解、对历史文脉的关注和对弱势群体的关照，这种人文关怀突破了利己主义。"

在他看来，他经历的一切都是顺其自然而不是刻意为之。"安安静静、平平常常的，我觉得就挺好的。"当记者问他，想做教授，未来想怎么实现？他倒也没有想很多，"我其实不是一个特别现实的人，觉得我喜欢就继续做下去，选这条路我不会后悔"。

一切都源于热爱，却又不止于热爱。

"做优秀的建筑人，立志培养更多优秀的建筑人，助力祖国未来人居建设，我在路上，也一直会在。"司桂恒以这句话结束了自己的答辩，温和却坚定不移。

凌晨的建筑馆，身旁的打印机"咔嚓咔嚓"地响着，一张又一张设计图纸缓缓滑落，司桂恒已经度过了无数个这样的夜晚。不管

司桂恒生活照

在过去还是在未来,不管是学生司桂恒、司导,还是以后的司老师、司教授,都与建筑有关。

而无尽的远方、无尽的人们,也都与他有关。

吕一铮：用六种语言诠释环境人的风采

文　黄家鑫

- 吕一铮　清华大学环境学院 2015 级本科生

"你能用六种语言说同一句话吗？"

这是今年特奖答辩现场的评委提问，被询问者，是来自环境学院的特奖候选人吕一铮，而他的回答更是博得满堂彩：

他用英、日、韩、德、越南五国语言向大家说——"这对我来说并不困难。"对他而言，不仅是语言，语言背后所承载的内容似乎也不是那么困难。

从语言到语言学

第一次看到吕一铮特奖申请审核表的人或许都会惊讶于他的论文和专利专著：《基于苹果系统的古今中外汉字音查询应用》软件专著权、《跨平台古今中外汉字音查询应用开发及字音漂变研究》会议论文；语言学的成果却是一个环境学院的本科生完成。

与他接触之后，你才会发现，这不是偶然的跨界，而是多年喜爱与积累的必然结果。

作为母语是吴方言绍兴话的浙江人，吕一铮觉得普通话是他在幼儿园开始学到的第一门语言，之后他学了些日常交流的上海话，并接连学习了英语、日语、越南语、韩语、德语，到现在，他还现在积极学习俄语。

"学语言就是为了放松"，高中时，出于学习枯燥、娱乐活动匮乏，他把学日语当作一种放松途径，写完作业就看看日语，就这样刷完了《标准日本语》的上、中、下六本书。到了高三，吕一铮的父母认为他整天看日语"玩物丧志"。为了"骗过"爸妈，坚持自己的休闲方式，吕一铮又开始自学越南语，"现代越南语看上去跟英语差不多，都是拉丁字母"。

六本《标准日本语》

上了大学之后，吕一铮感受到学习多门语言对于阅读文献有莫大帮助，尤其在他学习国际政治的第二学位课程时，经常遇到许多政府报告、论文等非英语文献。

"学到外语越多，你就越能够接触到各国对于这件事情的看法。"促成吕一铮学习德语的一大动机便是德国在科技上有很多值得借鉴的地方。

学习语言是了解一个国家极为有效的方式，但更多时候，学习语言对于吕一铮来说，不是出于需要，而是出于乐趣。"学韩语就是想挑战一下王赟学长一年速成韩语的纪录，我就用 11 个月把韩语高级证书给考完了。"

在吕一铮看来，许多语言是有共通性的，学会的语言越多，学新语言就会越快。日语和韩语有大量的语法相通，学韩语对他而言可能只是对于日语的"改换头面";"但是,当你遇到一种完全无法借鉴的语言时,你的速度就会慢下来。"面对无从借鉴的阿拉伯语,吕一铮在初步接触后还是选择了暂时放弃。

单纯学习多门语言还不够,在学习语言的过程中,吕一铮也开始了他的语言学研究。在提到他的汉字音查询应用时,他明显兴致大增,侃侃而谈。对于这项应用,吕一铮倾注了极大的心血,这也让他成功斩获了第三十五届挑战杯一等奖。"这个项目的出发点是梳理汉字读音的脉络,寻找本源。"从前期构想,向学长们请教,再到搭建应用思路,最后团队合作完成应用和写成研究论文,整个过程吕一铮仍觉得历历在目。

"这个软件不仅能够找到汉字的读音,还能对其追本溯源,找到读音的变化过程。就像生物一样,汉字读音也是有其演变的过程。因为古代大量别的国家人员来中国学习,很多读音被他们带回本国,由此各国汉字的读音产生了一条不一样的演变之路。在这样的情况下,现在的日语、韩语、越南语以及中国的各种方言等,其中汉字的发音都处于一种各有规律,各有不同的状态。而我们就是对这些进行一个规律上的梳理和总结,特别关注了多音字的字音演变。所以说,这是一项针对'古今中外汉字音'的创新和研究工作。"吕一铮认真地解释道。

吕一铮生活照

15

当然，对于他来说，再多的外语可能都不及他的母语——绍兴话。"在绍兴，很多人很小就会学毛笔字、学地方曲艺、说绍兴方言。对于这些传统文化的传承做得还算比较好。"而他小学时是路过鲁迅故居，穿过沈园回家，中学路上会经过吕府、谢公桥、大通学堂，家里推开窗就是越王台。

或许正是在这种"一例氤氲入诗囊"的文化浸润下，才有了如今给朋友写信用小楷和行草、假期实践也会选择回到绍兴为家乡戏曲梳理方言规范的吕一铮。

从作文到实践

"上王老师的课，可能是我在清华感触最深的一件事了。"

16

被高中同学冠以"文科生"头衔的吕一铮在提到王步高老师的"大学语文"时，神色极为动容，一是出于缅怀，二是出于感受。虽然在选课时就被学长"提醒"这门课给分严格、任务繁重，但"冲着王老师他开了这课，我也不能把它退了"。

对于吕一铮而言，王步高老师最感染他的，是由内而外的激情和感情——上课精神矍铄、声音洪亮至振聋发聩；谈及对人物的臧否评价，感情真挚；作诗作文评世时，情感充沛。"当时老师写了一首抨击时弊的诗，课上念及'拍案向公侯'时，真的有种怒发冲冠的感觉。"

在遇到王步高老师之前，吕一铮认为自己在语文上多是为写而写，平淡地写，"但是遇到王老师之后才感觉到，他是出于一种深发于自己感情的写作，这非常触动我"。

之后，在王老师的帮助下，吕一铮修改了自己的《绍兴一中赋》，并书写、装裱后献给高中母校。2017年，王步高老师罹患癌症去世，在追悼会上，吕一铮作为唯一的本科生代表，朗诵了自己撰写的《祭王步高先生文》，以作祭悼。

虽然在外人看来，吕一铮绝对是语文爱好者：在宿舍里，他已经将四个书柜填满，搭了个"冲天书柜"；但他却觉得自己"不是传统意义上那种泡在书堆里的好学生，而更倾向于是行动者"。他最推崇的一句话是北宋理学大家张载的"横渠四句"：为天地立心，为生民立命，为往圣继绝学，为万世开太平。

吕一铮觉得，"不能以学习作为自己生活的全部，而是应该把至少一半的时间投入到行动中"。而社工和社会实践便是行动的最好体现。

他担任过很多社工职位，在学习发展中心，校团委科创中心、信息中心、院系学生会、实践组都有过任职。对于这些工作，他觉得"做不同职位的社工会让我感受到我在哪些方面行动力是不足的"，从而有针对性地弥补。说话间，他从包里掏出一本《如何提高说话技巧》——这是辅导员送给他的一本书；"辅导员曾告诉我有时候需要注意一下自己的说话方式，在做社工的过程中我逐渐意识到了，也一直在努力调整。"

相较于旨在提升能力的社工，吕一铮觉得社会实践更符合他行动者的定位。大学期间，他一共参加过12次实践，去过7个省级行政区，校级实践的金银铜奖拿了个遍。在实践途中，他全然感受到了社会的另一面。

吕一铮参加社会实践

17

第一次实践,吕一铮去了云南景东的一个小山村。他花了整整一天从北京飞到昆明,再乘大巴到景东,最后坐越野车上山,徒步进村;村里真实的"家徒四壁"和孩子用黑炭在墙上打草稿的场景让他十分震撼。自此,他觉得"走出去看一下是非常有必要的"。之后,他去过荒无人烟、没有信号的中哈边境,也去过繁华热闹、车水马龙的成都……

"每一段不同的行走,真的让我感受到:咱们960万平方公里上每一寸土地的不一样,每个人之间的区别,以及我们作为当代青年的责任。不能只关注着房、车、钱,更多的还是需要关注如何让我们这个国家的发展更加充分、更加均衡。"

见识的东西多了,吕一铮逐渐意识到作为一个中共党员,党的理念也对他产生了深刻的影响。在看过的书中,他特别提及了斯诺的《红星照耀中国》,对于中华民族奋斗历史的共情,让他感触颇深。

"很多人虽然很穷,但是看到他们在黄土巍巍的大地上努力,你就会觉得咱们这个民族确实是不会沉沦的。"

别忘了,他还是个工科生

读到这儿,估计很多人都忘了,吕一铮其实是环境学院的学生,而且三年必限选学分绩位居年级第一。

大二后半学期,他选择从化工系转入环境学院,而在此之前,他在不落下化工系专业课的同时还选修环境学院的专业课。到现在,他已经修了205个学分,远超培养方案(172学分)的要求。

提及转系,吕一铮觉得环境学院的课程和未来的发展方向更符合他理想主义的特质。

在大二参加环境学院田金平老师的科研项目后,他找到了自己更感兴趣的方向,也更坚定了转系的决心。"这个项目主要是针对杭州上虞经济技术开发区进行污水处理优化。"在吕一铮看来,产业生态学这种将工程、政策、经济等领域结合比较紧密的项目正符合他在科研路上的方向。

吕一铮在大学生学术推进计划中

吕一铮言语间无不饱含着对环境学院的喜爱和热情："我要帮学院打个广告：咱们学院的范围是非常宽泛的，既研究水、气、土等介质，也可以面向管理提出政策建议；既有实验科学，也做数据模拟。环境它是个学科交叉性很明显的领域，可以将各种各样技术容纳进来。"

他的求学之路也并不是一帆风顺。暑研是很多清华人都会有的一段经历，而吕一铮的暑研，也算是一波三折。

吕一铮所在的课题组一直跟耶鲁大学和密歇根大学等几所美国顶尖高校的教授有着频繁互动，所以他在今年暑假申请暑研时，心态很放松。"虽然申请比较晚，但是觉得有保底的学校，也就不甚担心。哪知密歇根大学的教授今年不招人，而耶鲁大学的教授也一直没给答复。"在这个时候，吕一铮才意识到时间好像有点紧张了。

他开始四处申请，"一天可能发 10 多份申请邮件"。在焦急的等待中，吕一铮一无所获，但在最后关头收到了来自耶鲁大学的邮件。"要不是田老师一直帮我联系，我可能就没有暑研机会了。"出发时吕一铮又面临学术访问签证被卡的突发情况，不得不换成旅游签证，终于踏入耶鲁。

"在耶鲁的两个月可能是我人生中最悠闲也最专注的一段时光。"

所处环境改变后，吕一铮并没有感到不适应，反而极其享受这段时光。中美学术研究氛围上的差异也让吕一铮印象深刻，"美国的学术是以实用导向为主，我在美国的课题组做的工作就是一些实用性项目，在对应产业上或许能对政府的决策提供帮助"。

耶鲁的暑研经历让吕一铮学习了很多新的技术和思想，他将其运用于自己的科研项目，并在 ISIE Americas 会议上作了报告。最近，他正忙着修改论文准备投稿期刊。

实用性导向与行动密不可分，在吕一铮心中，行动者是他不变的定位。在环境学院有一句话一直影响着他："热爱我环境，光大我事业。"

"每一个环境人，都有一个想法，就是能够用一些技术或方法来改善我国的环境现状，无论是狭义的环境抑或是广义上的环境。"

多次实践出行以及美国暑研的经历让他逐渐认识到自己身上的使命。对于未来的规划，吕一铮给出的回答并不让人意外："以环境为本，以语言学为兴趣，以琴棋书画为爱好，在博学通识的路上不断提升自己。"

对于吕一铮而言，行动是他的使命，他是一个行动者。

刘充：充耳有闻，想把园子里的精彩讲给你听

文　肖晶心

- 刘充　清华大学社科学院 2015 级本科生

2018 年 12 月 8 日晚，清华大学本科生"一二·九"歌咏比赛现场。暖场视频放毕，全场陷入黑暗。灯光亮起，四位主持人站在台上开始自我介绍，第三位主持人身着紫色西装，热情而不失沉稳地说道："大家好，我是来自社科学院五字班的刘充。"

对于很多没有亲临"一二·九"歌咏比赛现场的人来说，这句话也不算陌生。在人文清华讲坛、校歌赛、校园主持人大赛、计算机 60 周年系庆、后勤部门的演讲比赛等校内大大小小的活动上，都有着这位 2018 年清华大学本科生特等奖学金获得者刘充主持的身影。

刘充（左一）主持 2018 清华大学本科生"一二·九"歌咏比赛

我是清华园的主持人

如果有一天在紫荆操场西南角,你碰巧听到有人一直在大喊"嘿嘿嘿",那人或许是刘充。

刘充大一时加入"白杨计划",学习了相关课程后,就躲在紫操西南角的高墙那里练习,以免别人发现他。他先是叹气,让气息沉到丹田,然后想象自己要叫住五十米远处的同学,连喊几声"嘿嘿嘿",短促有力。

刘充认为,除了发声,"重音"和"节奏"也很重要。"所谓强调有依据,断句讲逻辑,观众听起来会觉得很舒服。"最初刘充在读文章时还会做一些勾画标注,但熟能生巧,之后也就不用勾画了。"所有经验都是从读更多的材料读来的。"

只有基本功,对一个不仅承担串场功能的主持人来说,是远远不够的。"我觉得主持人在台上放松一些之后,就会更在意舞台上发生的事。"而从紧张到放松的转变,也并非一夕能轻松飞跃。

当刘充沉浸在第二届校园主持人大赛全程时,才感受到了完全的放松。"因为主持人这种身份的代入感,我也像选手一样,思考怎么答题,选手答的亮点在哪,我要把亮点呈现给观众,选手哪里做得不足,我可以怎么帮他弥补。"

多次主持经历也让刘充领悟到,主持人的第一任务就是要把观众想说的话说出来,表达他们对于每个环节的好坏评价。"如果观众能够忘记你,那也是个挺好的事情。我喜欢在台上看观众们的反应,哪怕只是一个简单的嘴角上扬,都说明你成功了,最恐怖的是你讲完之后观众还在玩手机。"

在前不久结束的校歌赛复赛上,刘充即兴调侃一两句评委的点评,"有一位选手想把夜店风唱给大家,评委点评说,一看这个同学就没有去过夜店,我说,看来您非常有经验啊",调动全场的气氛。

刘充主持活动得心应手的同时，开始意识到积累的重要性。

他曾与美团点评 CEO 王兴在他回校的讲座上对谈。在上场之前，刘充专门读了王兴的传记《九败一胜》，了解王兴的创业经历。他意识到，只有了解被采访者足够多的情况下，才能引导他说出很多背后的故事，向观众展现他的心路历程。"我一直在追问王兴，之前经历那么多次失败，怎么坚持下来。他说，清华毕业生就应该有成为世界冠军的想法，我觉得我找到了应该挖出来的东西，我就讲解给观众。"

刘充（右）与美团点评 CEO 王兴对话

"我一直认为，清华培养的主持人和主流还是有区别的，我们在学习上受过扎实的知识体系训练，拥有快速获取信息并分析提取、不断追问的能力，我们应该发挥这样的优势。"刘充给自己的定位一直是"清华园的主持人"，而非专业主持人。

刘充主持人文清华讲坛时，就怀着这样的想法。他要事先收集整理大量的材料，力求将学者最可爱、最可敬的一面展现给观众，这也成为刘充在每次主持时的期待。他认为，清华的主持人就该干这活，"学者的东西要走向大众，去影响大众，大众的问题也应该有途径去反馈，我觉得我就是这样的身份"。

因此，这位"清华的尼格买提"更愿意去主持"开讲啦"之类的活动。"我有很多理工科朋友，他们都很优秀，但他们不太会讲（自己的研究），我想做的，就是把它们讲得更通俗，让大家都能够理解和接受。"

"这是我想说的社科特色"

刘充第一次意识到演讲的用处，大概是在初中凭一张嘴改变班风的时候。

他在北京市密云区读初中，教育资源并不丰富，被分到的班级风气也不好。他很难受，觉得这么待下去也不行，于是就竞选了班长。他会在临近放学的时候组织全班反思今天的表现，或慷慨激昂，或痛心疾首。"那时候我就发现，演讲这东西好像有用，每次讲得群情激愤，大家都挺有义气，班风就好一点了。"

之后刘充便一直参加演讲比赛，训练自己这方面的才能。到清华之后，他不仅能主持、演讲，还开始指导园子里许多的同学和工作人员，帮助他们更好地表达自己。"说起来很奇怪，我觉得我的大学经历非常丰富，不在于我主持了许多活动，而在于我领略了清华非常多的侧面。"

刘充曾给学校后勤部门的工作人员指导过演讲比赛，鼓励他们从小处着手，讲自己的经历。在听他们叙述厨房工作、校园巡逻的故事时，刘充看到了非常不一样的清华，时常被他们演讲的细节"击中"。

刘充为后勤职工、"鸿雁计划"训练营成员指导演讲

"有一个厨师说，他冬天用冷水洗鱼，夏天在闷热的环境下炒菜，这两个细节一下就打动我了，因为我爸爸就是厨师，所以我特别能体会这种细节，真的很辛苦。"刘充动情地回忆道。还有一个后勤员工在演讲中谈到，自己奉献精神的来源，是从暴雨时收到的预警短信、路边积水旁静置着的三角警示牌的背后，感受到的付出和关怀，同样，他也愿意为了清华园的正常运转而奉献自我。

刘充的语言表达课程还覆盖到了校内"鸿雁计划"的学员和北京部分高中学生。"我一直觉得这两类同学是需要互补的"，基于此，刘充也对自己的课程做了更有针对性的设计。

享受着优质教育资源的北京同学倾向于将这个世界想象得"没有摩擦力"，他们自信聪明、视野开阔、临场反应能力强，但他们过度理想化，不愿意在自己身上"动刀子"。刘充强调"雕琢自己的思考"的重要性，而不仅仅是单凭直觉作出判断或反驳。刘充还跟他们探讨留守儿童、打工子弟学校之类的问题，让他们思考不一样的"世界"。

"鸿雁计划"的学员很积极刻苦，他们从相对贫困的家乡走出来的经历令刘充感慨颇深，同时他也感到，这些学员缺乏表达自己的能力和自信。刘充鼓励他们精准表达，讲出自己的故事，通过一些挑战性的任务和小游戏，激发表达欲，唤醒他们的自信。

听过和见证过园子内外数不胜数的故事的刘充将这样的自己概括为"有社科特色的清华人"。因为他眼中的社科情怀，就是用服务精神把清华的故事讲给大家听，也让更多人讲好自己的故事。

"我的社科特色，不只是演讲、辩论、主持，而是用这些东西去影响社会。"

辩论让我"思考人生"

除了主持和演讲之外，刘充也是一名资深的辩手，他是"清锋明辩"全程最佳辩手，曾任校辩论队副队长，代表校辩论队参与

CCTV-4《世界听我说》节目的录制，与全国各地的队伍同台竞技。

他本是专攻演讲，被高中老师临时拉去一个全国性的辩论赛"救场"后才开始转型。初次接触系统性培训的刘充看到由黄执中、马薇薇和周玄毅组成的豪华教练阵容时颇为震惊，而更让他印象深刻的是训练时的单一辩题制度，他至今都记得那道辩题叫作"中国是否应该大幅增加对转基因食品销售的限制"。

"一个辩题从头打到尾，上场前一刻掷硬币决定正反方，积分制。二人小组赛每天打六场，连打三天。第一天刚开始就连输三场，我的搭档就哭了。"短暂地"思考人生"后，刘充又开始不停地查找、学习和完善，慢慢地找回了状态，有惊无险地杀进淘汰赛，又一路打到决赛，最后取得亚军。

"辩论对我的思维塑造影响很大，它让我知道了什么是事实准确、推论严谨，学会批判性思维，每听到一段话，我就会去想，哪些是有道理的，哪些是不对的。"刘充密集地接触辩论的同时，也感受到了辩论带给他的意义。"我特别感谢这个赛制，在不断地完善论点、切换立场的过程中，让我没有那么极端，反而更包容了，愿意接纳许多观点背后的道理。"

深感辩论在高中思维发展的关键时期带给自己的重要影响，刘充想把这份经历传达给更多的高中生，成为"辩论的教育事业的开拓者"。

他从北京市教委的三校联合辩论赛的学生发起人做起，同样倡导单一辩题制度。之后，他逐渐开始在北京八中、人大附中、北京中学等学校开设关于辩论的选修课，将自己对辩论的思考和理解传授给学生。直到现在，刘充还坚持每周去一次北京一〇一中学授课，每个学期回母校人大附中至少两次授课。

刘充很喜欢四辩的位置，因为这让他在场上抛开各种交锋，找到一个思考的空间。"四辩带给我最重要的意义，是使我深信每一句话背后都有它的价值观，而真正感人的不是辞藻，而是挖掘和展现的价值观能否唤醒人、打动人，我始终都是这样认为的。"

当一个人深思熟虑决定要自杀的时候，你应不应该去拦他？

刘充在辩论场上

这道辩题摆在反方四辩刘充面前时,他"思考了一周的人生"。后来他想通了:现实生活中其实很难判断自杀者是否真的深思熟虑过,这个辩题是一个思想实验,核心在于探讨人是否有处置自己生命的权利。他将"深思熟虑"联系到康德的绝对理性带来绝对自由的理论,完成了一次高质量的结辩。

在刘充看来,辩论于他最重要的意义,便在于这种思考的乐趣,思考每一句话背后蕴含的价值观时,辩论的形式本身反而不是那么重要了。

但我更向往 "学术上的辩论"

"我人生当中一直有一个我最梦寐以求的辩论,你知道是什么吗?"

"是持续了 300 多年的波粒二象性之争。"

谈到他希望中的学术辩论时,刘充眼中闪烁着光芒。他向往具有更大社会意义的辩论,并迫切地希望参与其中。

他解释道,"最开始牛顿提出微粒说,后来有惠更斯提出机械波说,但是机械波说又不能解释光在真空中传播这件事情,于是有了电磁波说,结果又发现光好像还有粒子性(光电效应),于是爱因斯坦又提出光子说。这是实实在在地推动时代和社会发展的辩论，又是十分学术的，我十分向往这种辩论。"

随着自己即将踏入博士生活，刘充也正在进行自己的学术辩论。作为做实验经常打碎试管的非典型理科生，刘充在大学时选择了社科，但还是放不下从小就喜欢的数学，于是他融合数学和自己学的政治经济学，用数学上的矩阵工具去模拟经济的运行。他创造性地将收入分配结构和生产结构纳入效率的计算当中，提出了一种新的效率测算方法和指标。他也因此入选了"未来学者"计划。一位老师评价道："很难想象，一个本科生的发现竟然打开了国内政治经济学领域一个新的实证研究方向。"

刘充在答辩 PPT 中介绍自己的学术项目

"政治经济学的特点是以文本研究、定性研究为主，而我希望它能有更多可以与世界对话的东西，有一套数学基础。我们往往会站在微观的个体的层面去讨论问题，但我更希望能够把背后的结构性矛盾找到，从这个角度发现问题和解决问题。"在导师的支持下，他正准备将自己的文章翻译成英文，参加明年的国际会议，以期更好地进行学术交流与对话。

展望自己的博士生活，刘充觉得自己会非常幸福：在学术上能够实施自己的想法，大胆地尝试，进行学术上的辩论。"有清华底色的社科人"也是对他未来学术道路的极好概括。对社会有情怀、有责任感的清华底色，带给他通过自己的研究领域为社会做出贡献的动力。

"坦白讲，我要在中关村、五道口这一带待12年，高中3年、本科4年、博士5年，这一片环境没有太大的变化，但我觉得我做的事情都是很新鲜的，学术探索是新鲜的，我可能会发现新的问题，会有新的东西引入进来，我在介绍的东西也很新鲜，这就OK了。"

刘充参加学术会议

"如果有一天丧失了说话的能力，你会干什么？"

失去说话能力意味着刘充不能再进行自己擅长并喜爱的主持、演讲和辩论了，但面对这个假设，刘充却颇为淡然地回答道："那就写书或者写文章呗。"

"我觉得写文章和说话有很大的区别，因为文章读不懂还能翻回去读，而演讲、辩论都是转瞬即逝，无法往前倒，除非有《奇异博士》里的那块绿色的时间宝石。"刘充发现，无论一个人有多高的语言天赋，和写下来的文字一比，都太缺少雕琢感了。

在准备特奖答辩稿时，刘充在写稿之前尝试着说了一遍，6分钟的录音，在清洗和筛选后只剩下400字，其余4/5都是废话。他感叹:"这对自己来说是个挺好的机会,让我去反思、凝练,反复雕琢。"

而反复雕琢、追求卓越也许正是刘充在不同角色的切换间始终不变的初心。台上的主持是暂时的,在台下,他反复雕琢和打磨主持词,抄写两份手卡以便收集,并不断地积累各方面的知识;在演讲和辩论的教育事业中,他根据学员不同的特点打磨课程,让更多人讲出自己的故事;在进行学术探索时,他反复思考政治经济学和西方经济学的可对话性,并融入数学工具加以分析。

回首过去的三年,在园子里的各种舞台之上,都有他拿起话筒讲清华故事、讲中国故事的身影,刘充说:"征途中的诸多风景,源于内心深处对'清华人'这三个字的理解与认同。"

曹越：双肩挑，我的路和远方

文　晨晓　正月

● 曹越　清华大学软件学院 2014 级博士研究生

考上清华，多了份牵挂

2010 年的夏天，和万千考生一样，曹越在炎热的高考中告别了自己的高中生涯。虽然高中三年他一直认真踏实地学习，但他从未想过要考清华。高考成绩出来后，当看到自己超出预期的分数时，他很欣喜，但陡然也涌起了一股深深的惆怅之情。

按理来说，考上清华是很多人梦寐以求的事情，但当曹越知道分数后却很迷茫，不知该如何是好，因为他有一位青梅竹马的女朋友高雪莹，他们曾经约定：在同一个城市上大学，平凡开心地度过这一生。

而高考的意外，意味着他们必须去不同地方上学，最少要分开四年。这时他犹豫了：真的要去清华吗？给女朋友的承诺又该如何是好？最后，在反复思量中，也在女朋友的支持鼓励下，曹越认为去清华、去努力，给女朋友一个更好的未来，才是他真正需要担起的"责任"。

四年的异地恋，他们不能日日相见，就每天坚持 2 小时通话，分享彼此的心情和当天发生的趣事。一旦放假，曹越就坐十几个小时的火车回去看高雪莹，哪怕没有座位，自己买个小板凳也要坐回去。就这样，四年如一日，时间并未将他们的爱情消磨掉，反而变得更加浓醇。

曹越和妻子高雪莹

2014年本科毕业后,高雪莹来到北京工作,同年,在众多好友的帮助和见证下,曹越给了高雪莹一个惊喜而浪漫的求婚。

曹越求婚现场

次年,曹越刚满法定结婚年龄就向他爱的女孩儿实现了当初的承诺,他们结婚了。2016年9月,两人的爱情结晶诞生。对他而言,"责任"二字越发鲜明起来。

敢"第一个吃螃蟹"

在清华,曹越也渐渐找到了科研方面的兴趣。本科毕业后他开始攻读博士,在王建民教授和龙明盛助理教授的指导下,研究机器学习与计算机视觉。

2014年,深度学习的热度已经呈现出上升趋势,但还不像今天这样遍地开花;相关研究成果依然非常有限,很多代码开发尚不完善,整个行业如同一片未被完全开垦的肥沃土地。

在这之前,曹越的导师龙明盛一直在迁移学习的领域深耕。他看到深度学习的兴起后,就有了将深度学习应用到迁移学习领域的想法。所谓迁移学习,简单来说是指将一个领域的知识应用到另一个领域,比如,一个视觉识别系统学会识别狗的照片后,能够将这种辨识能力迁移到漫画上,能够识别漫画中的狗。

将深度学习应用到迁移学习领域,这在世界范围内都还是一个全新的课题,之前无人涉及,也没有人知道这种思路是否真的会有效果。做这样一个课题,就好比"第一个吃螃蟹"。但未知的风险也暗示了该工作可能产生较大的影响力,加上一种"担当的勇气",面对导师的提议,曹越答应了下来。

曹越骑车载导师

课题新，路线不清晰，课题组积累还不够深厚……曹越刚开始做实验时，进展非常不理想。但在导师的鼓励下，曹越坚持了下来，2015年年初，他终于在实验中看到了他们所提的方法与已有的方法相比，性能得到明显提升。

最终，他与导师提出的深度适配网络模型成为深度迁移学习方向的里程碑之作，成果发表至今已在谷歌学术中被引用500余次，是机器学习领域顶级会议ICML近5年所有论文中被引用次数最多的20篇论文之一，在本专业领域内备受关注。

曹越被评为"微软学者"

这一工作的成功也为曹越之后的研究夯实了基础。后来，曹越又循序渐进地做了一系列深度哈希学习的工作。为了推动该领域发展，让更多的研究者能够快速上手，他带领实验室同学，主导开源了XLearn-深度哈希学习算法库。

此算法库的核心技术已在清华大学为中国气象局研发的新一代天气预报平台中落地，部署于中央气象台及28个省级气象台，服务中国2 000多市县的天气预报业务。曹越因此连续两年获大数据系统软件国家工程实验室"突出贡献一等奖"。

我要把这份优秀传承下去

2014年8月,当四字班一张张青涩的脸庞出现在清华园时,刚刚直博的曹越也开始了辅导员生涯。这是一场陌生与陌生的碰撞,对于新生来说,一切都是未知,充满了挑战和希望,而对于一位新辅导员来说,一切也是未知,在兴奋中也夹杂着挥之不去的紧张与担忧。

在这个过程中,曹越本科时的辅导员吴陈沭对他影响颇深。吴陈沭是2014年"特等奖学金"和"林枫辅导员奖"两个奖项的"双料得主",他的优秀和奋进为"辅导员"三个字戴上了"格外耀眼的光环",在曹越心中埋下了一粒种子:"我要把这份优秀传承下去。"

在那年的辅导员大会上发言时,吴陈沭说辅导员工作应是辅导、扶倒和弗倒"三位一体":"辅导"指的是辅导员的基本工作;"扶倒"指的是及时扶起受到挫折的同学;"弗倒",指不要倒下,要成为榜样,能对身边的同学产生朋辈激励。

正是吴陈沭在辅导员大会上说的这番话,让曹越心中的那颗种子开始发芽。

为了更好地承担起辅导员的责任,当在工作上遇到难以应对的棘手之事时,曹越会虚心询问有经验的辅导员们是否曾遇到过类似的案例,或者与他们讨论对眼下这件事的想法。这样一来,曹越不仅与辅导员们建立了革命友谊,还让自己"像打怪升级一样,被'大佬'带着,级别越来越高"。

面对所带班级的学生,曹越鼓励他们自主选择、全面发展。说到"选择",曹越认为应该是当事人自己深思熟虑后做出的决定,而不是其他任何人可以代替的。

例如,当其所带班级处于大三这个面临未来方向选择的关键时刻时,曹越抽出整块时间,和每一位同学进行了交谈。交谈中,曹越并没有具体建议同学们应该选择某个特定的方向,而是不断

软件学院四字班同学毕业合影

挑战同学们的想法,引导他们深入思考,厘清内心真正所需所想,然后再进行独立决定。通过这种谈话方式,曹越让很多同学从犹豫不决变得目标明确。

曹越及家人合影

在吴陈沭看来,如今曹越已用实际行动证明了他能"稳稳地"担起家庭、科研、辅导员"三肩挑"。在这个过程中,时间的平衡分配是最为棘手的问题。而曹越解题的关键就是高效的时间利用率:他将完整的大段时间用于科研,而碎片化时间用于处理辅导员的事务性工作,晚上及周末的闲暇时间和妻子一起陪儿子堆积木、投篮球。

高雪莹打趣说:"曹越花在家庭上的时间估计是别的男孩子用来打游戏的时间吧。"在她眼中,曹越是一个很有自制力的人,今天制订好的计划,不管事情多难、当天多累,都绝不会拖到第二天。

颜枫：见到漫天飞舞的粉煤灰时，我感受到了肩上的责任和重担

文 颜枫

• 颜枫 清华大学环境学院 2013 级博士研究生

首先和大家唠唠我是干啥的。我其实就是一个搞"渣"的，虽然我并不"渣"，同时我也是治理"雾霾"的。

我的工作就是立足燃煤电厂内部，解决两类污染问题：第一，针对固体废物粉煤灰，研究其资源化处理处置技术；第二，针对燃煤烟气排放的 CO_2、SO_2 和氮氧化物，研究温室气体 CO_2 减排技术。

基于上述两个目标，我首次提出了粉煤灰合成有序介孔硅铝材料及残渣吸附 CO_2 系列技术。

首先从粉煤灰中回收 SiO_2，再回收 Al_2O_3，最后把残渣原位用于循环 CO_2 吸附，从而在燃煤电厂内部，实现了粉煤灰的高值资源化处理处置，及燃煤电厂 CO_2 减排的目标。

下面和大家分享一下我博士期间的曲折经历与故事。

颜枫的经历

我的故事始于 2012 年 9 月。

我在推研面试的时候和老师们说："中国环境领域需要一批为科研而执着奋斗下去的人,而我愿意成为其中的一员。"从此,我的科研生涯就开始了。

最初,我的课题并不是搞"渣"的,那时候我其实是研究太阳能产业相关技术的。

这幅图是从硅灰石生产太阳能电池板的技术路线,大家可能看不太明白,没有关系,因为我到现在也没看太明白。但是,我们需要注意的是,在这个过程中,会产生一种污染物,叫做四氯化硅,并且每生产 1 t 多晶硅,就会产生 18 t 的四氯化硅。

颜枫最初的课题

那么这个四氯化硅有多厉害呢? 在座的各位有没有喝过盐酸的啊? 我估计是没有,但是我吸过! 而且一次吸四份!

什么意思呢? 四氯化硅极容易挥发,一分子的四氯化硅在口腔内与唾液反应,能产生四分子的盐酸,因此我一次吸了四份盐酸。所以,四氯化硅会对生态环境和人体健康造成严重的威胁。

不过那时候刚刚许下诺言,硬着头皮也得干啊! 凭着一腔热血,我终于完成了"$SiCl_4$ 气相水解合成纳米 SiO_2 技术研究",并建立了示范工程实现连续生产。

我们成功地将四氯化硅废物变成了高价值的纳米 SiO_2 材料,

正当我得意扬扬之时,遥远的西方传来一声晴天霹雳。

欧盟对华实施了反倾销税,这一经济措施对我有什么影响呢?

为了降低生产成本,我国多晶硅生产线进行了工艺改进,$SiCl_4$ 可重新用回到生产线中,因此 $SiCl_4$ 不再是废物!

这对于光伏产业绝对是一个振奋人心的好消息,但对于我,我当时真是崩溃了。

我能怎么办?我只能选择奔跑。那两个月,我每天在操场奔跑,努力让自己心情平复。

这时候,导师也积极帮我寻找未来科研方向,蒋老师和我提议,试试粉煤灰资源化相关的技术研究。

我的大牛师兄两年前也站在这个舞台上分享过他的故事,可是我在和他交流的时候,他调侃道:颜枫啊,粉煤灰资源化是个好方向啊,好好干!我估计发个《中国粉煤灰》(EI)没啥问题的。

啥?《中国粉煤灰》是什么?说好的 SCI 论文呢!

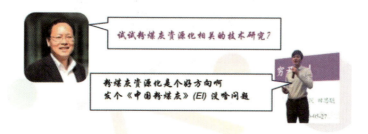

经历初次挫折

一想到我的未来就要面对一堆"渣",自己可能也会变成"渣",我当时的内心对粉煤灰其实是拒绝的。

但是,当我去到粉煤灰堆场的那一刻,我被震撼到了。

我第一次见到漫天飞舞的粉煤灰,突然感受到了自己肩上的责任和重担,于是我决定接下这个科研课题。

我的故事——重新上路 (2014.01)

当我第一次见到漫天飞舞的粉煤灰时
突然感受到了自己肩上的责任和重担

重新上路

接着,我迅速投入粉煤灰资源化技术的研究,并确立了将其用于 CO_2 捕集的应用思路。

传统上,吸附 CO_2 一般采用 CaO 材料循环吸附,但是 CaO 材料在高温循环过程中不稳定,会迅速失活。

当时,我的师兄就提出了"沸石钙基 CO_2 循环吸附材料"的研究思路,因此我们希望先用粉煤灰制备稳定的沸石材料,再将活性 CaO 负载在上面,从而提高 CaO 的稳定性,同时还能实现 CO_2 的吸附活性。

但是,当我用了 6 个月时间,实现了粉煤灰制备沸石,并负载 CaO 时,出事了! 我们发现,沸石基体虽然稳定,但是沸石基体+活性 CaO 会发生反应,导致 CaO 失活,因此制备的材料完全不吸附 CO_2。

难道我前面 6 个月的活都白干了? 我的心好痛!

事情当然不会就此结束,否则我今天也不能站在这里和大家分享我的故事。

在和导师的探讨中,我们突然想到,稳定的粉煤灰没有错,错的是我们使用的方式。

于是为了避免 CaO 失活,同时提高 CaO 稳定性,我们将粉煤灰添加量从 50％ 降低到 10％;粉煤灰的作用也从基体结构变为了稳定剂。

实验终于成功了,两篇高水平 SCI 很快发表。

41

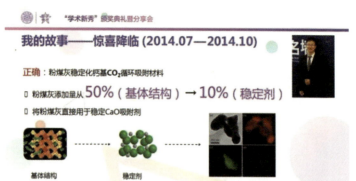

惊喜降临

这时候,站在十字路口,我与导师的科研思路发生了激烈的冲突。导师希望我能围绕粉煤灰资源化继续开展研究,毕竟 10% 的添加量并没有真正解决粉煤灰资源化的问题。

但是,我希望围绕 CO_2 捕集继续开展工作,毕竟这意味着 SCI 论文,意味着奖学金,意味着我能早一点走上这个舞台。所以那时候我真的很不开心,甚至很崩溃。

在激烈的冲突面前,我能怎么办?我只能继续奔跑,那两个月我绕着校园跑跑停停,思考着未来与人生。

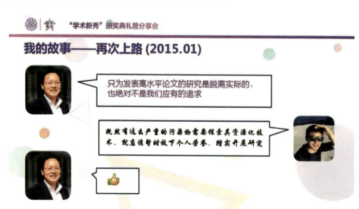

再次上路

　　就在跑步的过程中,导师的一句话让我下定了决心,他说,"只为发表高水平论文的研究是脱离实际的,也绝对不是我们应有的追求"。回想 2012 年 9 月,我当初的理想就是希望通过我的研究解决环境问题,既然有这么严重的污染物需要探索其资源化技术,就应该暂时放下个人荣誉,踏实开展研究。我的导师终于露出了欣慰的笑容。

　　于是,我重新上路,埋头苦干三年,终于研发了粉煤灰回收硅铝元素、制备有序介孔纳米硅铝材料、残值循环吸附 CO_2 等系列技术,从而在燃煤电厂内部,实现了粉煤灰的高值资源化和 CO_2 的原位减排利用。

　　最后,我想说,在这 6 年间,我虽然遭受挫折,但是理想和爱情让我一次次鼓足勇气,翻越山丘。

　　在追求事业的路上,不妨留意身边的缘分,寻找一个拥有共同理想的人,一起奔向未来,是非常重要的;否则,有一天你事业成功时,才发现可能已经无人等候。

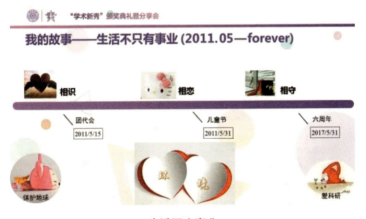

生活不止事业

　　我和她相识于 2011 年的 5 月 15 日,学院团代会后的娱乐活动,让我们有机会聊起彼此的理想,一个幻想保护地球的她和一个爱科研的我,因为"环境"这个词,而迅速走到了一起。

　　两周后的"六一儿童节"前夕,我们在一起了。

　　6 年后,她已经去了环保企业,而我走在了科研的路上,因此我们决定相守走过一生。

　　在 2018 年的婚礼答谢宴上,我们共同许下誓言:祖国碧水蓝天之日,就是你我功成名就之时。

故事未完待续

　　习总书记说,绿水青山就是金山银山,并且鼓励我们撸起袖子加油干,一张蓝图绘到底。

　　我认为,有理想、有坚持,属于我们的碧水蓝天终会到来! 未来,我将继续为环境科研事业执着奋斗终生!

懂得感恩

　　最后,感谢学校 9 年的培养,感谢导师的悉心指导,感谢团队的力量,感谢所有在身边为我们默默付出的人们!

白蕊：清华人要做就一定要做世界级难题！

文　宇晴

• 白蕊　清华大学生命科学学院 2015 级博士研究生

关于方向：
"我就是要选择生物，就是要攻克难题"

"这真的是太有趣了！"白蕊在高中课堂上听完生物老师讲解了母代基因和子代基因后，不禁感慨："怪不得孩子的血型有时会和父母的血型不一样啊！"

这是她第一次深刻感受到书本里的知识和生活这么密切，对于生物的热爱由此萌芽。因为喜欢这门课，白蕊学得也很起劲，生物课成绩始终名列前茅，老师还常常让她在课前 10 分钟给大家讲生物题。

可是当高考成绩出来后，得知白蕊要选与生物相关方向专业时，与她关系亲密的高中生物老师却给她打来了"劝退"电话："生物没有你想的那么有趣，你现在感兴趣的只是从教科书上得来的，真实研究是枯燥和乏味的。"

白蕊不为所动："除了生物，没有其他感兴趣的专业，我就是想做与生物相关的研究。"老师的劝告也给她打了一剂预防针，让她对枯燥的科研生活做足了心理准备。后来，她本科从武汉大学生命科学学院生物学基地班毕业后，凭借专业排名第一的优异成绩，被保送到清华大学生命科学学院继续深造，师从施一公教授。

施一公实验室成员合影

进入施一公教授实验室不到半年,白蕊就成为课题组的骨干成员,从此踏上了研究剪接体结构与机理的征途。

RNA 是 DNA 到蛋白质之间的重要媒介,而遗传信息从 DNA 转移到 RNA 之后,通过进行无效信息的"剪断"与有效信息的重新"拼接",最终实现真核生物基因表达调控的目的,这就是 RNA 剪接。在这个过程中,剪接体可以说是一台 RNA 加工机器,它就像一个"黑箱",尽管它的原材料和产物都比较清楚,但是人们对这台机器具体的加工过程知之甚少。

而人类 30% 的遗传紊乱以及多种癌症,均与某些基因的错误剪接、剪接体蛋白组分的突变以及剪接体的错误调控有关,剪接体催化过程中结构的严重缺失使剪接体成为亟待解决的课题之一。

由于剪接体高度的动态性和复杂性,获得不同状态剪接体的高分辨率三维结构被公认为世界难题。在施老师的鼓励与指点下,白蕊开始研究攻克更为关键的不同功能状态下的剪接体结构机制,解析剪接体在工作过程中的结构变化,揭开剪接体 RNA 加工的神秘面纱。

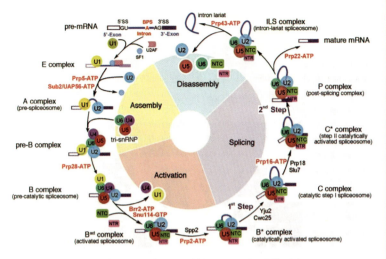

剪接体完成一次 RNA 剪接所必须经历的过程

47

关于坚持:
"要不要这么拼?"

很难想象,如此迎难而上和倔强的白蕊在读博士一年级时,曾有过"退学"的想法。

进入清华后的第一个期末,白蕊为了赶课程和课题的多个deadlines,连续熬了三天三夜。终于完成任务后,她回宿舍补了一大觉。第二天一早发现,自己小腿上有一个红块,压到时会疼。她原想着是不是自己不小心碰到哪儿了,但过了几天后情况没有转好,反而两条腿对称分布着大量红块。白蕊赶紧前往医院就诊,医生给的初步诊断是免疫功能性疾病,但病因不详。病情一直反复发作,甚至被医生怀疑可能是结核杆菌感染。

不知道病因的白蕊陷入了恐慌,也陷入了"要不要这么拼"的自我怀疑中。在病情最严重的时期,她想到了退学。这个想法其实也是因为她的倔强:如果不能承受高压环境,5 年的博士期间不能做自己最热爱的事情,那还不如干脆退学。

白蕊跟同实验室的万蕊雪师姐倾诉了自己想退学的想法。那阵子,在实验室,在回寝室的路上,在食堂,两人有机会聊天时,聊到的几乎都是这件事。万蕊雪告诉她:"有病就去治,但心不能垮。可以退学,但一定要想清楚,对自己负责。"

白蕊和师姐万蕊雪在 2016 年特奖分享会上

两人有深厚的"革命情谊"。白蕊:"师姐是学术新秀、特奖获得者、未来女科学家,我以师姐为榜样。"

得到安慰和打气后,白蕊逐渐扫除恐慌,回想起自己决心读博的初衷,"除了做生物学的研究,真的没有其他如此热爱的事情了"。她开始静下心反思自己过去的作息与生活——"自己之前没有合理安排时间,当初要熬三天三夜也是自己事先没有统筹规划好的结果。"

白蕊切身地意识到了"健康的身体是革命的本钱",她决心要抓住一切细节来提高效率,并对自己的实验全方面地深入思考,保证自己每次实验的成功率。生物实验常常会有等待时间,1 小时、10 分钟,甚至 2 分钟,白蕊也不愿浪费,要么同时进行其他实验,要么看论文。

就这样,效率和实验成功率提高了,之前需要摸索很多次的实

白蕊在实验中

验,白蕊现在一两次就能成功。这样一来,白蕊不仅在课题激烈的国际竞争中取得了优势,同时也给自己争取到了"更多睡觉的时间",为"争分夺秒地攻克领域难题"积蓄能量,让自己能继续为自己所热爱的事"这么拼"。

被抢发后:
"要再憋个大的"

"我们的研究成果被抢发了!"师姐万蕊雪急匆匆推开实验室门说道。

白蕊此时正在实验台前,提取着剪接体。她愣了一下,指着眼前的蛋白:"不会是开玩笑吧? 就是这个状态吗?"

白蕊所研究的课题,在国内外一共有四个课题组在竞争。由于激烈的国际竞争,白蕊一刻都不敢松懈。通过努力,她解析出了pre-catalytic spliceosome(预催化剪接体),但是觉得分辨率还不够高,所以对它进行了半年的优化,现在优化工作已快收尾,研究成果却被英国同行以较低的分辨率抢先发表了。

她只能无力地叹气,在实验台前坐了很久很久,大脑一片空白,但她没有让这种情绪影响自己太久,而是暗暗下定决心:

49

"我一定要再憋个大的!"吸取教训,总结经验后,她开始以更全面的角度审视课题,不再局限于原先课题项目中的一点,而是深入研究,开始攻克更为关键的不同功能状态下的剪接体结构机制。

这一憋,就憋了7个月。期间,白蕊用于攻克此课题的酵母总计有五六百升,自己制作的培养基都以吨为量级了。

"算出来了!"终于到2018年1月,正在收电镜数据的白蕊看到微信群里师兄发的微信消息,开心地蹦了起来。2018年的春节,实验室课题组的所有成员忙碌又兴奋着,白蕊更是除夕夜从家出发,大年初一赶到实验室收集电镜数据,团队成员都期待重大结果的出现。

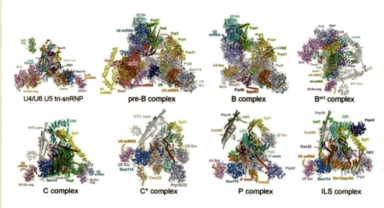

白蕊成功解析的8个重要状态剪接体的高分辨率三维结构

最后,他们捕捉到了一个RNA剪接中全新的瞬变状态剪接体precursor pre-catalytic spliceosome(预催化剪接体前体),首次解析了目前被认为是组成蛋白最多、分子量最大的剪接体。要知道提取这一结构,从复合物的提纯、样品的制备到结构的解析,每一步都十分具有挑战性,例如在提纯上,该状态结构复杂,但各组分之间的相互作用并不紧密,使得该复合物在提纯过程中十分容易解聚。

生活中:
"开心果" + "女汉纸"

白蕊在科研时十分严谨,在平时生活中却很欢脱。若只观察白蕊做实验,你不会想到她竟是一个走路蹦蹦跳跳,然后会突然蹦到你面前给你打招呼的"开心果"。

"段子手""逗逼",实验室里的师兄师姐一提起白蕊,首先说出来的便是这两个标签。从天文地理到实验室八卦,白蕊以她各种的"段子"成为实验室的快乐源泉。

"开心果"白蕊

而且,她平时从来都是自己搬几十升的液氮罐进行实验,在实验室自己换桶装水而不是麻烦他人,这也让她荣获了"女汉纸"的称号。

白蕊所研究的课题由于可获得的生物材料特别少,常常需要自己培养上百升的酵母细胞。而除了收集样品量大外,由于细胞生长是一个连续过程,出现特定状态需要一定周期,白蕊常需要凌晨来实验室收取材料。早上 9 点多将酵母细胞开始培养,根据分析和计算,要收集这些细胞的指定状态,需要在凌晨 4 点时就赶回来，收集细胞。稍微多睡一会儿，就会与这个细胞状态"失之交臂"，而每一次的收集动辄就是上百升的酵母细胞样品。

可是在这个过程中，白蕊却干了好多男同学都觉得特累特难的事情，"女汉纸"的称号包含着大家对她的敬佩。

但是在"女汉纸"的外表下，她也有颗柔软的心：她衣服上带着猫耳朵，帽子上带着猫耳朵，围巾上也有猫耳朵，连看到一副手套上面有耳朵，觉得毛茸茸的好可爱就要买。有猫的图案的衣服，是她最喜欢的。

"清华人要做就一定要做世界级难题"

"我想继续做研究，成为一名科学家。"做的研究越多，白蕊越发感觉这个领域还有更多重要的问题需要深入研究："我希望能为这个领域做出自己的贡献，用施老师的话说，清华人要做就一定要做世界级难题。"

史凯特：她来自澳大利亚，在清华拿了特奖

文　柚子茶之秋

- 史凯特　清华大学环境学院 2015 级博士研究生

技术落地雄安新区：
"我喜欢往前走"

"那天，我收到了有史以来最长的一封中文邮件。"史凯特的导师刘书明副教授回忆道："她说她想在我的课题组读硕士，虽然她本科不是环境科学专业，但邮件写得非常认真，读到最后的署名我才发现，这是一个外国学生。"

史凯特的主要研究是用水能耗，目的是减少供水和污水系统的能耗，减少温室气体排放。她认为，现在水资源紧缺，海水淡化、污水处理、调水的耗能问题在中澳都存在，所以这方面的研究对两个国家而言都非常有意义。

在刚刚进行研究时，史凯特做的是调查供水系统的电耗情况。由于水从水源地到居民家中要经过取水、处理、输配等很多环节，而在中国，取水有时要跨越大山、河流，所以从水源地到水厂、从水厂到用户的配水过程中，耗能问题显得十分突出，史凯特针对这些问题进行了深入的研究。

但研究到一定程度后，史凯特觉得自己进入了瓶颈期，"我不知道接下来该往哪个方向做，但我又无法放弃现有的成果转做其他领域"，她说，"但我喜欢往前走"。

这时,处于瓶颈期无法突破自我的史凯特回到了澳大利亚在政府实习,同时也会和同事一起讨论可能的研究方向。史凯特说她想通过实习尽量接触到不同的人与不同的行业,为自己带来更多新鲜的想法。

那一年,在和导师同学们的交流与文献的查阅中,史凯特感到,"好像我研究的方向就慢慢变得清晰了"。据她了解,在一些高层小区中,把水从地面提升到 20 层甚至 30 层的时候耗能非常大。从水厂到小区的能耗数据可以从发布的数据获知,但到了小区之后二次供水一般由物业来管,所以这部分能耗难以精确测算。于是她就这部分能耗展开了调查,并去实地收集数据计算出了不同二次供水模式的能耗,详细调查并刻画了整个供水系统的能耗足迹。目前,她提出的供水系统能耗的优控方法已被应用于雄安新区的供水管网规划。

Kate Smith 在实习期间参观发电厂

"她非常清楚自己要什么,发现问题会立即采取行动。"史凯特的导师和她的朋友都这样评价她,"她的学习习惯非常好,课后有问题会追着老师刨根问底，是我们课题组最刻苦的学生，经常被我当作榜样教育中国学生"。她的导师又笑道："不过她真的是非常较真，有一次接到骗子电话，我看见她义正词严地告诉骗子，你们这样做是违法的。"

坚持、执着，有时甚至有些较真儿，但同时又喜欢发现与探索，这些个性支持着史凯特一路走来。实习时，她发现澳大利亚政府做决策的方式很有意思，他们会先做一个很不成体系的报告交给领导看，得到修改意见后进行修改，如此反复修改多次。这让她认识到，"在不知道怎么做的时候，先做是最重要的"。她认为这样会省掉很多不必要的纠结。

对于自己的经历，她总结道："我解决困难的方法可以说是等待。但这个等并不是说每天什么都不干，而是去干一些其他的东西，去看、去听、去和别人讨论、去往前走。幸运的话，问题的脉络就会渐渐显现出来。"

搭建中澳青年沟通桥梁：
《泡菜薯条遇上炸酱面》

走出实验室，史凯特是园子里国际学生们的引路人，是中澳交流的青年使者。

在清华园，作为一个已经在园子里待了五年的"老人"，她积极参与国际学生的管理中，助力学校的国际化人才培养。史凯特说国际学生更能了解国际学生，知道他们的需求，了解他们的困难。史凯特想到，为什么不用自己的经验来帮助这些刚来到园子里的国际学生呢？为此，她广泛搜集了世界其他知名高校的国际学生管理方法，针对国际学生群体在培养环节中碰到的困难，提出改进建议，方便新来的国际学生。

2016 年，史凯特创立了环境学院国际学生大使项目，通过这个项目，史凯特和她的团队把在报到、选课、实验仪器操作等过程中常

史凯特（Kate Smith）在清华园

遇到的问题,整理成英文小册子,被同学们亲切地称为"百宝书"。

走出清华,史凯特搭建起中澳青年交流的桥梁。2015年,史凯特入选"中澳千禧计划",参加中国—澳大利亚青年对话。2017年,她又参加了北京大学燕京学堂主办的全球青年中国论坛。2017年她还参加了"一带一路"倡议下"贸易互通"的重要成果——北非摩洛哥中国贸易周。

谈及为什么要参加到这些项目里时,史凯特说:"我想了解在中国和澳大利亚之间,这些青年人在各自不同的领域具体作了什么贡献",青年之间的交流不只是一句口号、一场会议,而是两国之间许许多多青年人具体的行动和努力。3年过去了,她和参加"中澳千禧计划"时的同伴依然保持着联系,在自己觉得疲倦和找不到方向的时候,通过和这些伙伴们聊天,她感到"他们总能给予我专业的指导,提供很多新鲜的想法"。

来到中国的这些年,史凯特到处走、到处看,有一天,她的韩国朋友凌波微步(此为网名——编者注)问她,要不要和自己一起用笔记录下这一切,出版一本属于自己的书,史凯特的第一反应是:"这可能吗?"但这种迟疑并未延续太长时间,在和凌波微步的沟通中,许多经历在史凯特脑海里一一浮现,二人一拍即合,还联系了插画师毛天骅,把他们书中的故事画成插画,这本《泡菜薯条遇上炸酱面:洋博士中国留学记》应运而生。

《泡菜薯条遇上炸酱面：洋博士中国留学记》封面

在采访中，史凯特的老师和同学都会特别提起这本被豆瓣评价为"有趣""接地气""积极"的书。凌波微步认为，史凯特是作为一个忠实的倾听者与记录者，怀着极大的热情去感受中国跟澳大利亚的种种文化和社会差异。而在史凯特看来，这本书也可以说是自己在中国生活的一个缩影。时至今日，她依然能清楚地回忆起其中的一些细节，比如爱上中国的四个原因：出行方便、有安全感、缝补衣服便利，以及大家出门都经常带伞。史凯特笑道，其实自己很怕晒，但在澳大利亚并没有人会为了防晒打伞，能来到中国真的很幸福。

脚步踏及山西农村：
"用自己的能力为世界带来改变"

"你知道吗？她特别敢想敢做，她去过打工子弟小学支教，还去过脑瘫病人康复中心做志愿者。"史凯特的导师刘书明不无感慨地说："当时我知道的时候很震惊，没想到一个国际学生来到中国还可以想到做这样的事情。"

热心公益仿佛成了史凯特的一个标志，其中最有专业性和代表性的，就是她 2015—2016 年担任清华大学学生清源协会会长期间，组织团队到山西平遥一个村庄开展为期 6 个月的饮用水除砷公益项目。

当时，清源协会和太原理工大学的项目组合作在山西解决水质问题，对方项目组一名同学的父亲来自平遥一个村庄，他反映很多人都觉得水质很不好，于是史凯特就带领项目组去进行调查取样。而测试结果却让他们有些意外，因为问题并不出在村里人所说的水很臭、有杂质、有颜色等可见的问题上，而是无色无味的砷指标超标。虽然这一点和村里人所说的水质不好并不一致，但这是个关乎健康的严重问题。

于是项目组在村里装了 6 个滤池来做实验，30 来个人前前后后用了近 6 个月的时间探索制作过滤设备的方法。史凯特回忆，当时他们住在村外的青年旅馆，做实验找管道时常常会迷路，还有很多村民并不是很理解他们在做的事情，他们就向村民解释这个砷超标具有致癌性，一定要控制这个指标。

虽然项目组的目的是减少砷含量，但村民还是很在意水看起来怎么样。水从过滤设备的大过滤池出来会接触铁钉，混进很多杂质，村民们很不放心。有天晚上，其他人在平遥古城游览，史凯特就自己一个人在青年旅馆想怎么解决这个问题，"我突然就想到可不可以在大过滤池外再接一个小过滤池，杂质就会少很多"。第二天，项目组把这一想法付诸实践，效果很好，后来这样的过滤设备在村内进行了批量装配，并申请了专利。

然而史凯特强调，这个过滤设备也只是一个权宜之计。从根本上解决水质的问题需要建设水厂，但村庄的一些人不愿意因此支付较高的水价，只能直接从附近砷含量较高的井里引水，所以他们价格较低的过滤设备才有了用武之地。史凯特总结道，在实际做产品的时候，不可能都是理想状态，考虑用户的情况和很多现实问题才能更好地把自己的专业知识应用到实践中。

在这来来回回的接触中,史凯特也跟当地村民熟络起来,村民们也不知怎的对这个国外来的清华博士有说不完的家常话。"有一天她从山西回来跟我聊天,说起'妯娌'这个词,说是兄弟各自妻子之间的称呼,我很惊讶她怎么会知道这个,原来都是村民们和她拉家常时她学会的。"史凯特的导师刘书明有点哭笑不得。

史凯特在村民家开展实验

和史凯特同一时期在清源协会的同学认为,史凯特"是用做科研的严谨态度去对待社团工作的"。她说:"史凯特很有耐心,建造慢滤池的时候,取水样、测水,每一步要注意什么她都会跟我们讲得清清楚楚。她对清源做的每一个项目都很有信念和责任感,她很相信自己倾注在这里的心血会给农村地区的人带来有意义的改变。""用自己的能力为世界带来改变"是清源协会的核心精神,也是史凯特自己的信念。

从 2017 年开始,喜欢学习各种语言的史凯特又开始学习自己的第六门语言——阿拉伯语,到现在已经可以进行基本的沟通和交流。她说:"我喜欢迎接新的挑战,我喜欢往前走。"

吴蔚：从废弃物料到国际大奖，
青年雕塑艺术家的坚守

文　巾帼

● 吴蔚　清华大学美术学院 2016 级硕士研究生

废弃物料引发的创作灵感

在清华美院大楼前，有几个大集装箱，有时会引起路人好奇的目光。其实这并不是什么神秘的现代艺术装置，而是美院雕塑系同学们的物料仓库——一件雕塑作品的诞生常常需要经过平面图、小稿、泥塑、翻模、浇注等多道工序，形成玻璃钢后再根据自身要求送往不同加工厂再次加工。创作者奔波于原材料市场、工作室、工厂之间，消耗、废弃大量物料，最终才形成一件精美的雕塑成品。

多个工序下来，就会产生一些废弃物料。而吴蔚在雕塑界崭露头角的艺术旅程，恰恰始于对这样的废弃物料的关注。

在大三时的"中国传统雕塑"课堂上，吴蔚和现已成为他导师的胥建国老师初次结缘。胥老师布置的课程作业是完成一件雕塑作品，而到了学期末，吴蔚提交出了三件作品。虽然创作手法尚显稚嫩，但这三件作品是吴蔚努力寻找自己艺术表达的合理性与价值的过程。

第一件是飞天雕塑，吴蔚觉得它只是把敦煌壁画稍作变形，创作意义不大。第二件是梵文字形演变山石后做出立体形态，翻制这件作品时翻制师傅觉得小泥稿个头小又费工，费时费力还不好收费，干脆把翻制工序教给吴蔚让他自己"DIY"。第一次尝试翻制成功的吴蔚,除了自己的雕塑成品,还关注到这道工序产生的废弃物料——翻制后剥离出来的外壳,外壳的形状恰恰是原先雕塑作品空白的部分,虚形转化为实形,竟有一种特别的美感。吴蔚将这一发现与胥老师分享:"老师,看!我翻出了这个壳,这个壳子也很漂亮!"在采访胥老师的过程中,胥老师说道:"直到今天,我都记得当初吴蔚的雀跃之情。"

胥建国老师不仅肯定了吴蔚的这一艺术发现,并从艺术理论的高度上进一步启发他:这个壳子相对于雕塑(正型)来说是负型,对应中国文化里阴阳的概念,而中国石窟艺术里的一个个龛,恰恰也是负型,如果仿照石窟,在负型里加入一些内容,那这个空间就有了内涵。在这样的启发下,吴蔚完成了第三件作品——《敦煌印象》。

初始模具

敦煌印象

如今回想这门课，吴蔚说道："虽然在课堂上做出三件创作，看似很高产量，但是细节不精致，完成感弱，制作手法都显现稚嫩，但是，我似乎开始意识到什么叫创作，什么叫有意义或者有趣的创作。"

从这一堂课中对负空间的发掘开始，吴蔚找到了自己艺术创作的表达方式，也就有了后来的故事。

从中国传统雕塑与东方美学中汲取养分

吴蔚的多件作品，都以不同方式呈现着东方美学的意韵深远，这得益于导师胥建国的指导以及清华美院传统的熏陶。

胥建国老师曾师从"泥人张"第四代传人张锠教授，而张锠教授的父亲张景祜教授属于"泥人张"第三代传承序列，他曾在中央工艺美术学院（即清华美院的前身）设立泥塑工作室。几代人对中国传统雕塑艺术不断传承，并滋养了许多青年艺术工作者。这些青年艺术工作者中，当然就包括吴蔚。汲取不同文化内涵，参与到古代雕塑现场感受温度，是导师对吴蔚的要求。

胥建国老师（右）和吴蔚（左）到南京考察石辟邪

尽管本科时期完成的作品已经获得了国际大奖,但吴蔚没有停止继续探索的脚步。"气韵生动"是胥老师在工作室内指导学生时用的高频词汇,也是吴蔚在硕士第二年领悟最深的一点。

刚进入硕士阶段的一天,在为创作新作品画速写稿时,吴蔚却总觉得自己只是把本科毕业作品横向拉长了,并没有在创作价值上实现实质性突破。胥老师看到盯着墙上素描稿颇为郁闷的吴蔚,安慰他不是这个草稿不好,而是他没有注意到局部和整体之间的关系:"外缘内的形体,正负贯穿,如中国书法,笔画可以停顿但气韵不断。"

老师离开工作室后,吴蔚开始在草稿上勾画局部空间的关系,当若干富有韵律彼此交织的圆圈跃然纸上,吴蔚忽然有一种"找到了密码"的感觉,旋即将这幅密码一样的草图发到朋友圈,配文:"一秒画的,终于等到你了!"屏幕另一端,胥老师看到爱徒的朋友圈动态,也不禁会心一笑,回复道:"期待下一秒。"在对师徒不同空间和时间的采访中,他们不约而同提到了这条朋友圈,吴蔚说"那会我懂了",导师说道"他确实懂了"。

发在朋友圈的手稿

艺术创作需要不断积累素材,为此吴蔚在几年间前往各地实地考察了大量中国传统雕塑,而他所收获的却不仅仅是素材。

前往南京考察狮子冲南朝陵墓前的石辟邪雕塑时,因为位置偏僻向来乏人问津,吴蔚一行一度被认为有"盗墓"嫌疑,啼笑皆非后最终由滴滴司机帮忙才找到带路村民。类似这样自己前往文物所在地寻觅、现场观摩的经历,无疑比直接在博物馆舒适的温度和灯光下观赏玻璃罩内的藏品更令吴蔚记忆深刻。

南京狮子冲的南朝石辟邪

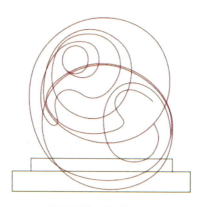

石辟邪造型结构分析

吴蔚作品《醉茶》

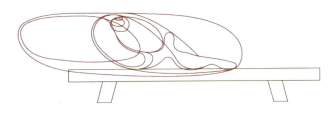

吴蔚推敲造型的分析

作品现放置在深圳体育馆东西茶室

因为关注了负空间，就更加能注重看不见的"气"，这种以虚喻实、气韵贯通的艺术效果也是负空间的内容，吴蔚笑着说道："似乎负空间是一种语言，而中国的气是负空间的内容。"

淡泊执着　无所畏惧

七年前刚入学时，吴蔚曾用名字的谐音作自我介绍："吴蔚，无所畏惧，这样好记。"现在，吴蔚身边的许多朋友都觉得，他经过硕士几年的学习生活后，多了一种安静沉稳的气质。

吴蔚曾由导师胥建国带领参观其启蒙老师李伯安遗作展。看到李伯安先生因脑部缺氧倒在画像前的生前绝笔《走出巴颜喀拉》第十部中"天葬"时秃鹫在叼啄尸体的画面，吴蔚受到了强烈的震撼。在回程高铁上他写道："或许冥冥之中就已注定，能量提前耗尽，抑或这就是一位伟大艺术家的天命吧。"同时，他脑海当中已经浮现出雕塑新作的面貌——两人相叠平躺，在上者似乎祈祷苍天，在下者拜慰大地。虽然尚未最终成型，但这件作品的泥稿已颇令人神往：不仅因其美，更因其间体现出的一位年轻艺术创作者对将生命献给艺术事业的前辈最深沉的敬意所带来的创作冲动。

无论是在导师的工作室工作，还是如今在自己的工作室，吴蔚对自己的严格要求始终如一——每天创作时间很长，并习惯每天将次日待办事项写在床边的 A_4 纸上。胥老师常常在深夜给吴蔚打电话，不是查岗，而是催他快休息。

吴蔚斩获大奖多次，但这位 1994 年出生的年轻人在荣誉面前有着超乎年龄的淡然："不是说你选了我就这样做，你不选我我就不这样做。我只是觉得我现在想这么做。""虽然有些想法颇显幼稚，但我生于 1994 年，就只会想生于 1994 年的人所想的事，我觉得'无可厚非'。""艺术需要多一点天真，多一点情怀。"

在获得"2017 年度原创雕塑奖"后的第二天，吴蔚作为最年轻的演讲者，参加了"2018 第二十届中国雕塑论坛"，并被选为获奖代表发表演讲——《以方寸之间谈近年来架上雕塑创作经验》。他说，从这次演讲中"不仅收获了年度原创奖和入选演讲的荣誉，更重要的是听到了许多老前辈的建议，如'负空间会不会成为束缚你的一道力''是不是要适可而止''人物系列很耐看''负空间的提议很有意思'等，这让我对自身的创作会有更客观的认知和更宏观的了解，这个过程就是反思，别小看反思，反思会成就突破的"。

勤劳踏实、不断学习、保持对世界的新鲜感，是这位年轻的艺术工作者自信的来源。他从未动摇坚持自己艺术创作的初心："有人会来收藏我的雕塑，有人会告诉我入选了展览，有人会通知'您的某某作品已获奖'，我只把它当成是对我的激励，而不是把它当成是我永恒的资本，如果这是因为我踏踏实实而换来的，那我会继续踏踏实实走下去。"

采访的最后，吴蔚用老师常对他说的话来结尾，一是"荣誉面前不昂头，挫折面前不弯腰"，二是"砥砺前行"。

张学强：探赜索隐 钩深致远

文　张学强

● 张学强　清华大学化工系 2016 级硕士研究生

我是化工系硕士三年级研究生张学强，导师是张强教授，很荣幸能够在这个舞台上和大家分享我在硕士期间的一点经历和感悟。

首先我想问大家，为什么要做科研？

因为这个问题我也经常被问，所以也在不断地反思。在读本科的时候，正是华北地区雾霾最严重的几年，让我有种窒息感。所以，我就常常想我能为改善这种情况做点什么？

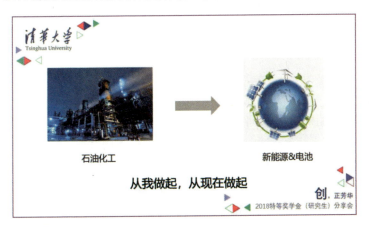

张学强的研究领域

本科期间一段与太阳能利用相关的科研经历，让我了解到新能源发展和利用还远远不够，还需要大量基础而深入的研究。因此,在选研究方向的时候,我就从石油化工转向了新能源。虽然我也知道自己的力量薄弱,但我相信会有千千万万个人一起,而我要做的就是从我做起,从现在做起。

理想很丰满,现实却很骨感,脱离舒适区,就意味着一切都要从零开始。

张学强的课题组

然而在我参加完第一次组会后,我发现我错了,我不是从零开始,而是从负开始。组里不仅有非常优秀的老师和师兄,而且有非常优秀的本科生都已在组内经过了一两年的科研训练。而我,一切都要从头学起,压力山大。

但自己选的路,跪着也要走完啊!于是,我开始大量读文献,在刚进组的 30 天时间内,读了 200 多篇文献,在读到 100 多篇的时候,才慢慢找到了读文献的感觉。在撰写综述的过程中,由于精力过于专注,有时候在清晨四五点的时候,大脑就已经开始构思文章的写作了。

我记得那个时候,我醒来的第一件事就是抓紧记下自己刚刚"梦"到的内容。

读文献成了我的每日餐食。对于每日更新的文献,先浏览一遍,挑选与自己课题相关以及感兴趣的文章。然后粗读,了解其主要内容。最后进行分类,便于以后的使用和查询。

张学强读文献

当然精读文章也是很重要的,我在入门的时候首先选择了两个 110 多页的经典综述,一是想了解整个领域的发展,因为不谋全局者不足以谋一域,二是想突破阅读文献的心理障碍,一百多页的文献都可以读下来,何况几页的文章。之后每年我都会重读这两篇综述。

其实,读文献是一个慢慢积累的过程,读多了,也就读得快了。读的多了,就看得远了,没有捷径可言。

不过仅仅读文献是不够的,还要有动手能力。在我刚入组的时候,对于各种电池也分不清。在我第一次自己动手装配的 8 个电池中,只有 1 个成功活了下来,其他 7 个都失败了,让我一度怀疑自己的动手能力。

在之后的两个月时间内,我组装了 1 000 多个电池,积累了大量的实验经验,电池装配也达到了极高的成功率。这样的基本功为以后的实验奠定了良好的基础。

这段入门经历让我认识到,在科研入门初期不仅要修炼读文献的内功,还要提升做实验的外功,内外兼修,才能不偏不倚,走好科研路。

当然在科研路上,有时还需要一点点灵感。在完成了入门训练后,我就迫不及待地开始独立探索。我的课题是要调控锂沉积,

张学强组装的电池

通常情况下锂的沉积是杂乱的、不均匀的，而只有达到均匀锂沉积，才能用到电池中去，才能让电动汽车跑得更远。乍听起来，好像很容易，但这是一个过去四十年都没有解决的难题。

在之后的三个月，我尝试了十几种实验方案，都以失败告终。

那段时间，每天早上兴冲冲地去实验室，晚上却铩羽而归，每天都在失败的情绪中。这让我深刻体会到了难题为什么是难题，这分明是一个巨大的坑啊！如果说这三个月的失败给了我什么的话，我想就是让我对氟化锂这三个字异常敏感。

因为实验一直在失败，所以我也就停了下来，让自己平静下来，去读文献、去讨论交流，静下来才能更好地思考问题。

在一次组会后，与同学聊到电池失效机制时提到了氟化锂，瞬间触动了我敏感的神经，原来我想要的这种物质就在电池中。在经过一个多月的摸索和尝试后，我成功地将这种稀松、杂乱的、像苔藓一样的锂沉积，调变为均匀、柱状的锂沉积，感觉一下子打开了新世界的大门。

在随后的实验中，我发现随着沉积条件的变化，柱状锂呈现的颜色也不一样，可以像蝴蝶的翅膀一样，呈现出漂亮的结构色。这让我真切地感受到了自然的奥妙。因为这项工作的简单、新颖，并在实验中验证了电池领域长期存在的争议问题，它成功入选为顶级化学期刊的封面文章。

接下来与大家分享的故事，与清华美食有关。有的同学可能经常去紫荆四层吃饭，不知道在众多美食中大家喜欢什么？

我比较喜欢的是红豆糕，一开始的时候只是觉得好吃。突然有一天，我意识到原来红豆糕是将两个固体完美粘合在了一起。当时每天在做固态电池研究的我，心心念念想做这样一个紧密接触的界面，却一直实现不了，而最好的例子却摆在饭桌上。

回想起自己之前好不容易合成出的复合电解质，虽然看起来非常精致，但放到电镜下后，就会发现它和金属锂的接触紧密度和紫荆的糕点相比还是相差很多，真是高手在民间。

于是我顺手发了一个朋友圈，还获得了导师的转发。不过，我也同时感受到了导师的碾压。同一个东西，不同的描述水平，让我意识到不仅要能发现问题，还要学会如何定义、描述一个问题。

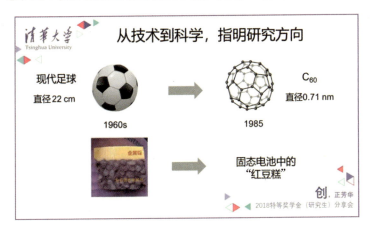

从技术到科学

在这之后我就在想，为什么食堂的师傅可以做出来，而我却做不出来。其实这主要是微观与宏观世界的差异，C_{60}分子的发现是个很好的例证。现代足球在 1960 年左右就被制造出来，而和它有相同结构的 C_{60} 分子的发现则延后了 20 多年，有时候宏观的技术会领先于微观世界的科学发现。所以,从红豆糕出发,我相信有一天我会做出固态电池中的"红豆糕",从而推动电池的升级换代,解决电池的安全性问题。

回想起来自己的经历,我发现之所以生活能带给我许多研究的乐趣和灵感,是因为研究已经成为一种生活方式,始终保有对研究的兴趣和好奇,做生活的有心人,生活才会对你有心。

清华食堂除了让我找到研究乐趣外,也会让人胖起来,我的师兄就是一个例子。所以,在我一入组的时候,师兄就调侃我:学强,别着急,五年后,你也会变成我这样,因为五年前我和你一样瘦。听到这里,我内心是拒绝的。

另外,我发现,师兄们不仅才能突出,由于长时间在办公室工作,腰间盘也很突出,这一点从老师到师兄都没能幸免。看到这里,我内心依然是拒绝的。

张学强的自我约束

我想,身体是革命的本钱,想好好做科研,还得有个好身体。所以我就给自己制定了上面几条约束目标,只有这样才能为祖国健康工作五十年。

9月份,清华邀请澳大利亚工程科学院院士 Dou Shixue 老师来清华讲学。见到 Dou 老师的第一印象,他是一位慈祥的精神矍铄的老者,听完介绍后才知道 Dou 老师已经接近 80 岁了,但讲起话来思路清晰、富有激情。听完报告我十分受触动，这也让我自己反思：假如我 80 岁的时候，我是否能保持身体健康并富有激情；假如我 80 岁的时候，我是否还能对科技前沿有准确的把握；假如我 80 岁的时候，我是否能把自己现在做的研究推向产业化？我应该如何做才能达到这样的状态？我想，这是值得我们一起去思考的一个问题。

所幸的是，在清华园、在课题组的学习生活经历让我找到了我想要的答案。

答案就在"清华"二字。邱校长这段话很好地诠释了清华的内涵，在这里与大家共勉。

"我认为人生的最高境界是'清'与'华'的结合。'清'象征着纯洁和安静，要有定力及自律精神；'华'代表着茂盛和希望，要有超越自我的追求。"希望我们每一个人都能找到最好的自己。

胡尊严：星辰夙驾 追赶朝阳

文　胡尊严

- 胡尊严　清华大学汽车工程系 2014 级博士研究生

胡尊严的研究领域

过去几年,新能源汽车越来越真实地走进了大家的生活,氢燃料电池作为新能源汽车中十分重要的一条技术路线,也受到了越来越多的关注。

2018 年李克强总理在访问日本期间,丰田汽车就向总理重点介绍燃料电池汽车技术,引起了国内很大的危机感。

燃料电池发动机是燃料电池汽车中最关键的部件,与国际水平相比,国内燃料电池发动机在性能和寿命上,都存在较大的差距。6 年前,为了加速关键技术突破,我们课题组新建燃料电池发动机方向,短短 3 年时间里,该方向前后吸引了我们 7 位博士加入其中。

当时的新能源汽车行业还在启动之中,纯电动汽车市场尚未铺开,氢燃料电池更是被部分人认为是错误的技术方向。更严峻的是,很多同行高校甚至都已经放弃了这个方向。刚开始研究那会儿,我们经常会有一种学术上的孤独感,因为在国内,燃料电池发动机这条路上只有我们。

为了给大家打气,导师当时给我们喊了两个口号,一个是"清华人只做别人做不到的事情",另一个是"没有行业那我们就引领行业"。除此以外,我们还给自己喊了第三个口号,叫做 KFC。寓意是,我们要做中国的燃料电池之王。顶着 KFC 的帽子,我和我的师兄弟开始了博士学习。

大家都知道,在新能源汽车领域,纯电动汽车面临的主要问题是在续航里程和充电上面,一般称为里程焦虑。

但对于氢燃料电池汽车,目前制约产业化和量产的主要问题还是燃料电池发动机的使用寿命,因此可以称为寿命焦虑。而我的课题就聚焦在行业最关心的寿命问题上,进行燃料电池耐久性建模与优化控制研究。

虽然我的课题很重要,但在我满怀激动心情和导师定下博士课题之后,我的几位师兄就开始反复找我谈心了,劝我要慎重考虑。

我问师兄为什么,师兄给我做了一个简单的算术题。对于一次国际水平的燃料电池耐久性实验,每一轮的论证周期都超过了一年。简单地说,选择了耐久性研究,就等于选择了延期延毕。因此,我又进入了深深的毕业焦虑。

根据墨菲定律,我的毕业焦虑很快成真了。直到博士开题时,我在学校里面总共进行了 3 次预研实验,那些实验耗尽了我当时在学校能利用的所有假期和资源,但是最终全部都失败了。

而我第一次正式进行耐久性实验,燃料电池电堆也只坚持了不到 1 000h,距离所期望的性能还十分遥远。

不顺利的不仅仅只有实验,还有我的论文。我和导师携手大改了 12 遍的小论文，也在审稿一年之后被无情拒绝。那时候觉得，读博还真是挺难的。

在那段日子里，我面临了进入清华以来最大的挑战——挫败感、孤独、压抑。后来我与很多人交流，发现很多读博的人都会经历这样一段无处倾诉的岁月。为了走出困境，大家想了很多办法，有的人是靠勤奋，有的人是靠求生欲，但是对于我来说，我觉得是让我的工作有意义。只有让我自己真正地认识到我正在进行的工作很有意义，才能说服我一次又一次地去重复枯燥的实验并接受打击。

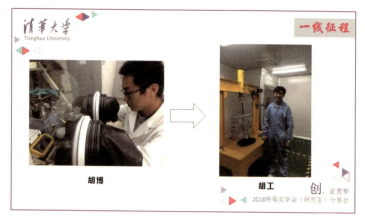

胡尊严在做实验

在寻找与坚定意义的过程中，与导师的交流十分关键。因为身在学校，你能看到的世界维度很小，但实际上它却远超你的想象。在我的课题遇到很大困难的时候，我的导师和我反复进行了多次交流。

导师当时的意见是，做工科博士的研究，不应该只停留在实验室里，应该到行业一线去，到工厂去，去看看行业到底有什么问题，然后去解决问题，这样的博士研究才会是一个好研究。

经过反复的沟通和我自己的主动争取，我终于从清华来到了上海开发区，参与国内最大燃料电池企业的电堆研发。我的身份，也从胡博变成了胡工。企业一线的生活自然比学校要辛苦很多，我在企业的第一个夏天,恰逢上海145年一遇的酷暑。由于氢气环境不允许使用空调和电扇,我需要穿着厚厚的工服与70℃的台架每天待在一起。那段时间我每天早上步行1.5km走到公司,晚上10点才能结束一天的实验,每次离开厂房的时候,都会觉得40℃的上海无比清凉。

一线不仅仅有最高的温度,也有最好的学术氛围。在一线工作中,我时时刻刻都能遇到有趣的学术点,甚至工友漫不经心的一句提醒都可能带来意想不到的发现。

我很清楚地记得,就在一个很普通的40℃下午,某工友查检完做耐久性试验的电堆之后对我随意说道:胡工,电堆的进口和出口电压是不一样的,到底哪一个代表了真正的性能衰退。

听到这句话的时候,我当时整个人都跳起来,立马跑到工厂里面去了。这是因为,在我之前所读到的所有论文中,这个结果从来没有被报道过。大家都惯性地认为石墨是良导体,并将石墨双极板看作是等势体。但此时的一线结果告诉我,事实可能并不是这样的。

基于这一条信息,我在公司和学校进行了大量的理论和实验研究,发现并解释了燃料电池电堆在衰退过程中的非等势现象,这个发现不仅仅让我实现了理论突破,更是解决了当时困扰我已久的电堆衰退问题。围绕这部分工作的研究,仅仅博士四年级一年时间,我就发表了6篇论文。

更让我满意的是,通过工况改进、双极板设计、发动机结构设计等多种手段解决了这个问题之后,我所共同负责的国产燃料电池电堆的寿命提高了10倍以上,实验室综合性能超过了丰田的电堆,达到了国际领先水平。这是我在博士期间最满意的工作。

长期在企业一线的研究让我意识到,"学术"+"一线"是1+1>2的关系。

对于一名工科博士来说,在企业里,你可以发现行业当前真正卡脖子的问题,让博士工作能为行业真正作一点贡献。博士几年下来,我的研究提出的测试标准是现在公司电堆诊断的必用方法,

胡尊严在企业一线

我参与负责的电堆应用于国产发动机生产。

这种模式在工程学科上可以实现极大的优势互补，直到现在我都还在坚持。无论企业的事情与我的课题相关与否，只要问到我，我都会认真解答。上周，我又花了 4 天时间与公司推进了最新的研究成果，并给课题组带回来 5 个很有意思的研究课题。

践行口号的当然不仅仅只是我一个人，我只是 KFC 团队中的一员，我们团队所主导开发的燃料电池发动机，目前已经交付于冬奥会 49 辆，所参与开发的燃料电池大巴，在全国市场占比达到了 50%。所有产品的控制程序与构型设计，均出自 KFC 之手。从 0 到 1，我们见证了行业，我们也在引领行业。

博士生活也不仅仅全是科研。博士这几年，除了胡博与胡工，我还有另外一个身份，是胡导。读博期间，我在汽车系担任了两年团委书记、半年学生组副组长。在那段时间里，除了操心我的博士课题，我还需要关心汽车系所有本科生的第二课堂活动。

双肩挑在我们课题组其实并不是新鲜事，KFC 有着很好的双肩挑传统，我的导师 60% 的博士生都是辅导员。他对于博士生培养的观点是，一名博士生不仅仅要学术水平过硬，思想素质更是要过硬，这样才能做一个对社会、对国家有用的人。在我看来，责任是让人成长最快的方式，作为一名辅导员，我们能感受学生状况的起起伏伏，更会激励自己不要浪费时光，要做好榜样。

胡尊严的课题组

不仅科研工作要做好，辅导员工作更要做好，这是我们课题组一直以来的传统和要求。目前，我们课题组已经毕业了三位辅导员，他们有的已经成长为中国兵器总公司的学科带头人，有的研究成果还在市场上产生着巨大的经济效益，有的则践行理想，投身公共服务。而我，是第四位博士生双肩挑辅导员。

当然，双肩挑不是一句简单的口号就能做好。想要双肩挑，除了理想信念扎实，第一步就是要解决时间平衡问题。为了平衡社工、工程和科研的时间，我从博士二年级开始，就给自己制定了严格的学期工作规划。每学期开始之前就将我的工作安排落实到周，并在执行中逐周进行总结。

在制定规划的时候，我信奉求乎上上、得乎上的理念，总是将标准设置得超出自己的能力。因此每周的总结，我经常满页都写满了"完成不理想"的语句。但是两三年之后我再回头看，我发现，现在的我比最初预想的自己，已经走远了很多。无论学术、无论社工，只有不断挑战自己，才能看到更好的自己。

最后回到今天的题目——星辰凤驾，追赶朝阳，相信大家已经很容易理解这个题目的字面意思了。实际上，这里有一个小彩蛋。3年前，我的同门师兄宋子由也是用的这个题目在这里进行特奖分享的，而 5 年前，正是他把我招进了我们课题组。当时与他一起"忽悠"我的另一位师兄，则在 3 年前贡献了这个复杂而绕口的题目。

最近经常有人问我，自己这几年最不一样的地方在哪里。我想那就是博士五年以来，我一直践行着这两句话：不浪费每一分每一秒，无论是夜晚、周末，还是逢年过节，我都将全部的精力投入我所热爱的工作中；将追求卓越、引领行业作为个人的信念。这种文化，也是连接实验室师兄弟之间最好的桥梁。

曹天宇：智造之路　赤子之心

· 曹天宇　清华大学能源动力工程系 2014 级博士研究生

曹天宇的研究领域

我的博士课题是直接碳燃料电池，这是一种能够把煤炭中的化学能直接转化成清洁电能的先进能源设备，可以说是一种能源领域的"魔法石"。它发电效率高，污染排放低，被国际能源署认为是 21 世纪四种先进的煤炭发电技术之一。但是这种先进能源技术装备的批次化制造是一个世界性的难题。可以说，在性能、耐久、价格这三个问题上的平衡，目前在学术界没有一个令人满意的解决方案。

我博士的初始几年也在这个问题上盘桓了很久。我查阅了很多文献,也试了很多技术路线,但是都没有收到满意的成果。这个求索的过程,对我来说不啻于一个万里长征。

我当时压力非常大,就和导师开玩笑说:老师,我们既然地上找不到,就去天上找找吧。这只是一句牢骚,但没想到这句话就改变了我未来博士课题的走向,因为直接碳燃料电池的制造方法还真的有可能在天上。

因为在航空航天领域,有耐热涂层、隐身涂层。这两种涂层都是通过一种叫等离子喷涂的技术喷涂上去的,它的功能性和价格都是可以被大家接受的。而我的直接碳燃料电池,其根本就是把几个涂层摞在一起,那么如果我把飞在天上的技术搬到地上来,那不是对博士课题有着巨大的推进吗?

当时我感觉找到了人生的新希望。我把文献里关于航天涂层的工艺参数都挖出来,一股脑地丢给加工方,希望他们能给我一个完美的样品。当时我认为自己马上就要解决这个问题了,明天就要走上人生的巅峰了,但是事实并没有那么简单。

如果说文献中的样品就好比高铁、动车,技术非常先进和完善,那我初始状态的样品就是一种小马车,测试的结果惨不忍睹,不知道比别人落后多少年。

这个事情给了我一个很深刻的教训:选择了一个方向,不代表能够顺利地实现一个技术。一个其他领域成熟的技术搬到我们这个领域来,发生"水土不服"的概率是很大的。要想治等离子喷涂"水土不服"的病,就要深入技术背后,一个一个细节去考察,去了解有哪些技术参数可以调整,最终实现直接碳燃料电池的制造。所以我就查了文献和理论书籍,发现工艺参数差不多有二十个。我的导师知道这个情况后,他的第一反应是保护我。他说:天宇啊,我们技术路线的选择可以灵活。如果难度太大了,你可以选择其他的技术路线。如果技术直接把你的学术兴趣扼杀了,这可是我们培养人才的大损失。

我个人非常感动,因为导师一直在关注我的成长。但有了前期的文献调研,我有了一些其他的理解:这个先进的技术,国外一些国家已经掌握了,但对我们国家是严密封锁。我现在虽然没有突破这项技术,但是已经摸到了一点门槛,我不知道我们国家下一个人再来摸门槛是什么时候。也就是说,如果我现在转换方向,那么我们国家在这个技术领域不知道什么时候才能突破。知难而退对我个人而言或许是一种明智的选择,但是从一个国家科技发展而言,这就是临阵脱逃,我不能允许自己作出这样的选择。今晚的主题是"创,正芳华",人生的芳华只有一次。如果用这次芳华去做一件大事情,我们豁出去,把关键的技术路线给突破掉,那我们的芳华就没有白过。

在两年的时间里,我们一直在医治等离子喷涂技术的"水土不服",改变了原来工艺过程中的四个"金科玉律"。可以说改变这四条原则中的每一个都要付出极大的决心和代价,我们常开玩笑,这是"青龙""白虎""朱雀""玄武"四个"护法"。我的工程师曾经和我说:"天宇,我们不能这么干了。再按照你这么干,一定要出废品。"我当时非常决绝:"你不要害怕。我们有新的产品要求,就要有新的工艺参数来对应它。如果因为我的技术指导出现了废品,你不用担心,我来负全责。"

幸运的是,决心和汗水换来了我们技术的进步,我们把直接碳燃料电池的寿命从原有的大约 100 个小时提高到了超过 1 000 个小时。而且更重要的是,我们每一颗原料,都是国产的。

在科研过程中,很多时候"工欲善其事,必先利其器"。我曾经希望,通过一些先进的仪器去看一看高温的燃料电池界面上到底发生了什么样的故事,但是通过市场调研,我发现市面上出售的国外成套的仪器基本都是天价。很多老师对于高温界面问题非常感兴趣,但是受限于经费和设备的原因,没法实现自己的想法。

既然我也需要,大家也需要,那我为什么不做这样一套产品出来?

我就把这个想法跟导师说了。我的导师非常支持我,就组建了一个"麻雀虽小但五脏俱全"的团队。我们有光学专家,有仪器专家,有机械工程师,我们希望通过团队自己的迭代设计,最后能

83

曹天宇的团队

生产出一种划时代的产品。

但是事实教育了我,我发现艰难才是创新的底色。从 2015 年到现在,我和师弟不知道被这个我们自己组装的高温原位拉曼电化学表征系统考住了多少次,难倒了多少回。

我记得很清楚,这里面有一步叫光纤耦合,它的难度相当于在一个标准足球场上,蒙上眼睛,找一个名片那么大的纸片。这样的难题,我们不知道解决了多少个,这几年我们一直在坚持攻关的路上。

一路帮助提携我们的,是母校,是清华。在我们最艰难的时候,清华意识到了这个东西的价值。清华的 X-Lab 愿意帮助我们,克服困难,把这个东西产品化。从我个人而言,我非常开心,因为我的博士课题可能会成为一个真的有用的东西,去为人们服务。但是有些我认识的老师会批评我:天宇,你已经抛掉学术志趣,想去做产品,想着挣钱去了。但是我想说,我们这个小团队能够走到今天,完全就是理想的支撑,我们永远不会把理想丢掉。

理想是我们前进路上的指路明灯,是我们创新路上的亮色。说起来,我们这个小团体的理想非常简单,作为一个工科生,做能落地的学问应当是学术理想的一部分;如果我们把同类产品的价

曹天宇的理想

格拉下来,帮更多的人去实现自己的学术理想,那我们不是服务了更多人的科研吗?最后,如果我们做出了一个好产品,我们也算为中国智造尽了一点自己的力量。

最后讲一点我的个人生活。我读博士的时候,做了很多工作,也留下了很多遗憾,其中最大的遗憾就是我和我的爱人长期两地分居。她也是清华的校友,目前在美国读博士。聚少离多是我们这个家庭的小特点。我记得很清楚:婚礼的第二天就要去国外参加国际会议,等我参加完国际会议,我爱人马上就要开学了,所以说我们在一起的时间非常少,我们进行的最大活动就是一起改文章。

我能想到最浪漫的事,就是把你的名字写进我的文章里。

最后,我要感谢我的两位导师,我们课题组宽松的学术氛围一直是我创新的沃土。我的两位导师,史老师和蔡老师,是我口中的"三无"导师:无保留的信任、无私的指导建议和无怨无悔地倾情付出。

CHAPTER

02

第二章

校 园 达 人

修新羽：写作就像我的呼吸

文　修新羽

● 修新羽　清华大学哲学系 2016 级硕士研究生

　　"发表第一篇小说时，最不适应的是拿稿费。做自己喜欢的事情却能拿到钱，让我忍不住怀疑，命运的馈赠是不是标错了价格？"

文科生的野心

　　修新羽就读于清华哲学系，哲学背景给她带来了丰富的写作灵感："哲学家一行字的内容放到尘世间，就要用几百年去斗争、去展现。"

　　技术不完善导致的残疾克隆人该找谁负责？对"人性"的定义更应当侧重"智能"还是"情感"？从某种程度上来说，哲学与科幻都是在进行思想实验，修新羽用这些实验来替自己解决困惑。

　　读研期间，修新羽还担任了清华"星火计划"的带班辅导员。频繁的学术讨论与产业调研，让她的科幻视角不集中于那些老生常谈的"载人飞船""智能 AI""星际移民"，而焦聚于那些具体的科研进展。

　　"身边有人在优化电池储能，有人在改进图像识别，有人在做管道运输，有人在研究某种化学分子的结构。整个科学版图上，这是一块很小的拼图，但他们努力做出来了，就可能彻底改变我们的生活。"修新羽说，"作为文科生，我的野心是，不仅知道周围的工科生们在做什么，想做什么，未来能做什么，还要在他们真正做出之前就替大家想到这件事会带来哪些社会变化和伦理问题，用作品去加以展现，加以预言。"

修新羽（右二）参加 2017 年科幻水滴奖颁奖典礼

像读文献那样读小说

从 2011 年发表第一篇作品开始，修新羽每天都会"像读文献那样"读小说，研究叙事结构和文字风格。在她看来，写作者心里要有一张网，能够在新鲜信息与原有信息之间迅速建立联系，归类，总结，碰撞出灵感。构思关于牛郎织女的小说时，她看完了知网上的所有相关文献，还想办法把它和自己的课业结合到一起。"比如在女性主义哲学课上，我提交的论文是以织女为例讨论女性地位在神话中的演变。在比较诗学课程上，研究日本诗歌中的牛郎织女传说。后来我甚至还写了一篇关于牛郎织女中人与动物关系的论文，以美学方向研究生的身份，去参加了动物伦理学方向的学术会议。对我而言，不存在没时间写小说的问题，写作是我生活的重心。坦白一点儿说，其实写作是我人生的重心。"

写作成为她娱乐、思考、记录的方式，冬天的时候，"雪花被攒

修新羽参加学术会议

在树叶上,风一过就落一阵"。冬去春来,"没有日光的时候风也不冷,被吹的时候不再缩头缩脑,整个人都磊落起来。在这样的季节,你会觉得世界是安全的,充满希望。你会觉得不可能有什么欺骗或伤害的事情发生,即便发生,也不会发生在这样微风和煦、草色微茫的季节"。

"我写得很温柔,说明在去年春天我的生活很温柔。"

"再回头看的时候有趣极了,仿佛是在用自己的作品标记世界。"

兴衰无情之地

长时间的写作训练,让她拥有了敏锐的观察力,以及越发细腻的性格。有时候,受小说情节构思所要求,修新羽必须努力回忆那些生活中的痛苦,花费一整个白天来酝酿,看看书、刷刷豆瓣,晚上熄灯后,再抱着电脑边哭边写。

修新羽很喜欢陆机《吊魏武帝文》中"伤心百年之际,兴衰无情之地"一句。"我觉得我这种人是自古存在的,比如'念天地之悠

修新羽在北海道采风

悠,独怆然而涕下',你不知道那一瞬间他究竟想到了什么,他就是站在那里哭了起来……早晚有一天,你会读懂他,对不对? 写小说也是这样,给了我渠道去解释,去尝试获得理解。"

生活中的情绪万分微妙,瞬息之间就会有痛苦、有尴尬、有侥幸。修新羽希望,自己的小说能像罐子一样,将那些复杂情绪全都装住。"当我把罐子递出去的时候,别人可以感受到它的温度,对我而言就足够了。"

第三只眼睛

在修新羽看来,写作时必须要有一只眼睛自我观照,从自己身上看到人类的共性,看到自己的伪善、自己的迟疑、自己的占有欲、自己的虚荣。自己必须要对自己坦诚。

或许是出于这种种反省,在小说《李华》中,镜像一般,她塑造出"成绩差的好孩子"李华,他重情重义、诚实勇敢,却因为成绩问题而被老师嘲讽,被同学疏远。小说《平安》里成绩优异又生活压抑的陈平安,则"从来都比身边的其他人更聪明,从来不指望得到什么真正的理解。成摞成摞把奖状拿回家,留下原件和复印件,随时准备着证明自己的优异"。

修新羽话剧作品《奔》演出剧照

　　写作态度虽然严肃,写作形式却可以多元。她写科幻,写纯文学,写诗,写话剧剧本和影视剧本,写新闻报道,写人物访谈,把各种体裁的写作当成一个个副本去解锁通关。

　　"写作给我的嘉奖太多了,可以说事半功倍。我一共只写了两部话剧剧本,一部演出过两轮了,另一部还拿了奖。我就会觉得很惶恐,一方面觉得自己或许是有天分的,另一方面觉得自己要承担起更大的责任。"

　　和发表后就成为定局的小说不同,话剧每一轮每一场的呈现都有差异,剧本也需要根据调度来不断修改打磨。今年 12 月 1 日在蓬蒿剧场演出的话剧《奔》,她前后推倒重写过两三遍,剧本像是有了生命,在她笔下不断生长。

　　"之前也和许多写小说的朋友交流过,有些时候我会觉得不是我们选择了写作,是写作选择了我们。"

宿涵：科技让音乐更美好

文　宿涵

• 宿涵　清华大学医学院生物医学工程系 2014 级博士研究生

"很多人是热爱音乐的,他们也想用音乐去传达内心的声音。但因为缺乏相关知识和训练,大多数人难以用音乐准确全面地表达感情、态度和想法。如果有一种工具能帮助人们实现愿望,我想这将会是一件非常美好且极具意义的事情。"

宿涵个人照

宿涵,清华大学医学院生物医学工程系 2014 级博士生,曾获清华大学第二十六届校歌赛冠军,两届研究生"一二·九"之星,摘获"2018 中国好声音"周杰伦组冠军,他作为合伙人参与的"AI 制作音乐"的创业项目 Deepmusic 也引起了各界人士的广泛关注和讨论。

宿涵凭借《我的滑板鞋》在清华第 26 届校歌赛夺冠

那年夏天,他以稳健的唱功和霸气的风格激起千层浪花,好声音舞台上所呈现的《夜的第七章》《黄金甲》《雨下一整晚》等作品在各大音乐平台上已有千万级下载量,《四面楚歌》单曲评论就已接近 4 000 条。

宿涵在《2018 中国好声音》节目中表现突出

好声音决赛当天,宿涵凭借超高人气一跃登上新浪微博热搜榜第五名。《人民日报》、中国青年网、*China Daily*、澎湃新闻、人文清华讲坛等各大媒体也纷纷刊登了宿涵的相关报道。其中,人民日报公众号发布宿涵相关报道的当天,文章阅读量就已经突破十万,头条评论热度高达六七千。宿涵以一种新姿态告诉大家:"博士"≠"无趣",他向世界展现出清华学子的阳光自信和满满能量。

"2018 中国好声音"总决赛演唱《饕餮＋以父之名》

有人笑称：在清华，有歌声的地方一定有宿涵。作为一个热爱音乐的清华人，宿涵在清华的音乐旅途从未停歇，他一直用自己的方式去表达对清华的一切感情。三年以来他荣获了第 26 届校歌赛冠军，参与创作并与刘祖君联袂演唱 2017 年毕业歌《可我不想走》，与多力岗共同创演清华首支原创嘻哈单曲《水木道》。

诚如校歌所言，"万悃如一矢以忠"，对待清华和音乐，宿涵永远保持一颗最完整的赤子之心。在好声音比赛结束后的一个月，宿涵创作并演唱校园安全宣传歌曲《在你身边》，用灵动音符为安全规章制度增添丝丝温情。这些融入清华文化、凸显清华特色、蕴含清华精神的音乐作品不仅广受清华师生喜爱，还向全社会呈现出多元饱满的清华形象。

"很多清华人都是有理想的，希望可以做出一些东西来影响这个世界，而要实现这些理想，就必须去全身心投入。"在好声音决赛结束后，很多网友大呼：宿涵这种人绝对不可以让他得冠军……也有很多人问他，二十多年求学路之后，转而走上音乐道路，是否觉得可惜？

在宿涵看来，他对于未来的规划并未辜负自己的成长。面对网友的不理解，宿涵说："你唱的歌、说的话，或许就这样改变了一个人的人生，这也是创造价值的一种方式。我喜欢这种感觉，现在

为清华大学保卫处创作演唱的歌曲《在你身边》MV 剧照

我更加坚定了,做音乐是可以造福人类、改变世界的事情,是我值得并愿意为之付出一生努力的天命。"幸运的是,宿涵似乎找到了平衡两者的交融点——尝试将人工智能(AI)应用于音乐创作。

极具爆发力的《止战之殇》是宿涵在好声音舞台的开场之作,在原作基础上加入了知名饶舌歌手 Eminem 歌曲中"16 秒吐 101 个歌词"的高难度 Rap,不仅赢得了全部导师的认可,还被观众们冠上"说唱博士"的称号。而这首作品中改编的主歌歌词,是由宿涵和同伴们一起用自己开发的人工智能算法创作而成,宿涵在中国好声音中的表现,也让社会看到了清华人的更多可能性。

盲选演唱《止战之殇＋Rap. Doc》

2014 年，宿涵认识了同样在清华理学院读博的清华音乐人刘晓光，对音乐的热爱和相似的经历让两人成为志同道合的好友。2017 年，他们决定将人工智能（AI）应用于音乐创作。"这在某种程度上降低了音乐制作的初级门槛，但并不代表它会降低音乐制作的难度。"

音乐本质上是用来表达人类情感的。AI 与音乐的结合是否能够成功，关键在于 AI 最后能不能写出人类的真情实感。当前，AI 还没有办法超过大师，还需要人类赋予其温度和情感。

在宿涵看来，AI 音乐的应用场景具有功能性、情景化。通过 AI，可以帮助影音娱乐行业的从业者减少重复性工作，提升效率；对于音乐爱好者们，则提供了一个"将非音乐语言转化成音乐"的创作工具。宿涵强调，做这件事的意义在于用技术去传播音乐的能量和魅力，也许未来，那些大山深处喜爱唱歌的人也有机会拥有属于自己的音乐作品。

不同于做一个纯传统音乐人，在技术与音乐之间，他并未全然放弃某一样，而是用技术做起了音乐，将知识储备巧妙地迁移到自己所热爱的事业上。"我的字典里很少会出现'放弃'，因为这不是一件必须要做的事。"AI 应用于音乐创作，正好成全了他所有的不舍。

离毕业还有一年，对于未来，宿涵想通过用 AI 做音乐的方式来展现自己的价值。"我们的初衷是用技术去推广和传播音乐之美，给更多人带去能量和好的改变，无论是何种身份，立德立言、无问西东是我最大的价值追求。"

刘西洋：他用影像，呈现给世界一个多彩的清华

文 刘西洋

• 刘西洋 清华大学新闻与传播学院 2016 级硕士研究生

刘西洋获奖

　　你在清华参加过的各种典礼和晚会，他拍的影片总会播放；你可能不止一次在朋友圈刷到过他的某个影片，并和大家一同转发。《水木道》《清华零点后》《未来归来》、THU Superhero……很难想象，这些传播度如此之广的片子，幕后的导演竟是同一个人。他就是新闻与传播学院 2016 级硕士生刘西洋。

舆论喧嚣

"西山苍苍东海茫,四海填八荒……"

2018年1月1日,导演刘西洋把加上英文翻译后的《水木道》上传到了B站。

之前,这个4分13秒的短片刷遍了清华人的朋友圈,进而攻占微博,一举冲到热搜,被《人民日报》和紫光阁转发。保守估计,它的全网点击量早已超过2 000万人次。

《人民日报》当日微博页面

大家对影片中所展现出来的清华学生风貌大为震惊:原来,你们不仅仅是学霸啊！称赞声,争论声,质疑声,舆论的声音引发了导演刘西洋的深深思考。躲掉蜂拥而来的采访,他明白一个短片背后到底有多少构思、付出与故事;他也想弄清楚,一个成长中的发声者,身上背负着的究竟该是什么。

他的2018,便是从这片熙攘喧嚣与静默思考中开始的。

《北京青年报》报道

导演刘西洋在《水木道》拍摄现场

清华声音

2018年1月，刘西洋跟随清华大学全球胜任力海外实践支队赴阿联酋考察学习。他拉了两个托运箱，里面全是拍摄设备。宫殿沙漠,高楼大厦,白袍与劳工,飞鸟与运河,都一一定格在他的镜头下。

他拍摄的清华同学与当地大学生互动的影片,当天便登上了阿联酋大学社交媒体的官方网站。

《走进独特的阿联酋》纪录片截图

刘西洋与阿联酋大学青年在一起

半年后,习主席访阿期间的一个下午,央视摄制组空降清华,邀请他作为中阿两国之间民间交流的代表接受采访,并且在中央一套录制的大型理论对话节目《新时代,新思想》中,作为嘉宾与主持人对话。在这个过程中,他慢慢开始觉得,一切美好画面的背后,讲述、传播的内容和思想,隐藏于影片后的那个声音,才是一个导演最需要去关注的。

校庆献礼

　　2018 年 4 月的最后一个星期日,清华迎来了她 107 周年生日。这天,一个叫《未来归来》的短片被大家刷屏转发,转眼微信推文便突破了 10 万＋。

《未来归来》被人民网微博端等媒体转发

　　点击量的猛增,他一开始并不知道,因为影片顺利发布后他便倒头大睡。从紧张的故事撰写,到奔赴河北滦平山区、防化学院取景拍摄,再到为了赶在校庆前发布而成宿成宿的熬夜剪辑,他确实需要休息了。

微信推送端评论

醒来之后，收到太多校友感人的评论：清华，想你了。有这样的传播效果，再苦再累也值了，毕竟在园子里 6 年，对清华的爱，多少部片子也讲不完。

拍摄过程中，他用自己的钱买了油和鸡蛋送给贫困户慰问，也和防化学院的官兵同吃住、同训练。回想制作的这几天，影片中 98 届校友缪杰的词曲和演唱，其实一直是他坚持的动力："感谢自己一直不老的理想。"

刘西洋导演根据潘际銮院士照片复原的教授夫妇骑车场景

"双响炮"

6 月，同样在研创梦工厂的支持下，他又接连发布了两个影片：《清华零点后》和 THU Superhero（《清华超级英雄》），把目光分别投向了零点后的后勤人员和学术群体，都收到了极好的传播效果。

深夜，他带领团队深入清华后勤队伍，捕捉每个工作瞬间。

探访过清华近 100 个实验室后，他选择了共 15 个实验室进行风格化拍摄。

9 月，《清华零点后》获《光明日报》和腾讯视频联合发起的"感动·毕业季"微视频大赛特等奖。

12 月，"你好，新时代！青年创意微视频大赛"上，THU Superhero（《清华超级英雄》）获最佳学生作品奖、评委会特别推荐奖；《清华零点后》获最佳创意奖；清华大学获优秀组织奖。一个典礼上能拿 4 个奖，他也是又惊又喜。

导演探出车窗外拍摄行进中的消防车

导演刘西洋在拍摄现场

《清华零点后》视频截图：温馨动人的深夜画面

THU Superhero 视频截图：实验 **Fantacy** 的光与影

刘西洋在颁奖典礼现场

刘西洋在颁奖典礼现场

导演之问

一整年,刘西洋的脚步似乎没停下过,毕业季短片 Your Pride 在清华大学微博及公众号发布,纪录片《亚洲青年看中国》在侠客岛官方发布,洞察中国视频,立言计划视频⋯⋯

似乎每一部作品来得都非常容易?

当然不。

网易云音乐水木道评论区,他的一句话,被点赞了 8 000 多次:"我清华人做事,不做则已,要做就做到惊艳。"

在清华全方位的培养环境和浓厚的人文氛围下,他坚持着这种态度,创作出一部又一部影片。选题,立意,构思,开机之前头脑中的风暴刮个不停,手稿和分镜脚本要准备厚厚一沓,为了查资料图书馆的书一借就是十几本,灵感、关键字每次都贴满墙面。

起早贪黑地拍摄,不时身兼摄影的他摄影机一举就是一天,拍《水木道》的时候不得不给酸胀的右臂贴满膏药。拍摄的最后一天,他齐胸跃进冬天的校河,还喊着:"先拉摄影机出来!"

刘西洋在《水木道》拍摄现场

打开任意一个刘西洋电脑中的后期剪辑工程文件夹,都密密麻麻布满了图标。他虽然是个向往艺术的文科生,做起事来却有着工科男一般的执拗。

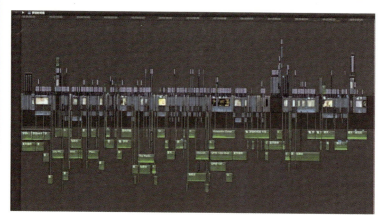

项目后期剪辑工程

每部影片拍摄前,他都会进行大量走访工作,德高望重的教授、在不同领域发光发亮的校友、身边优秀的同学、辛勤工作半辈子的后勤人员,他都耐心采访,搜集故事。从不同的人身上,他看到的是同样的清华精神。

2018,他和每一个清华人一样,在向外探索世界的同时,也向内探索自己的内心。

他深知导演之路的艰辛,幸好已经有了前进的方向。行胜于言的清华校风,慢慢融入他创作的基因——用影像表达观点,我手"拍"我心。在未来,他将继续用影像,向世界展示一个不一样的清华大学。

年初,当关注纷至沓来,也许他还有着自己的种种不安和困惑。

年末,当收获掌声,他更淡然,也更珍惜。在他心中,那些疑惑也都慢慢有了答案。

什么是一个清华导演应该肩负的?

去观察这个世界,体验这个世界,并把自己对世界的理解,如诗般回赠给这个世界。

导演刘西洋在拍摄现场

王德龙 & 管玉磊：立体二校门
录取通知书的故事

文　王德龙 管玉磊

• 王德龙　清华大学新闻与传播学院 2017 级硕士研究生

• 管玉磊　清华大学美术学院视觉传达系 2014 级硕士研究生

在满载中华人民共和国 40 年伟大集体记忆的"伟大的变革——庆祝改革开放 40 周年大型展览"中，有两件展品频频引起人们驻足，它们跨越 40 年光阴，沉淀了两个时代的特色。它们分别是清华 1978 年朴素简洁、白底黑字的新生入学通知书，和 2018 年火遍全网的清华立体二校门新版录取通知书。

清华大学官网首页报道

将立体纸模与录取通知书相结合，在国内众多高校中尚属首例。这个充满创意的设计，并非出自名人大师，而是出自清华学生团队之手，美院视觉传达系 2014 级硕士毕业生管玉磊全权负责设计，新闻与传播学院 2017 级硕士研究生王德龙负责统筹。录取通知书的二校门纸模部分原是管玉磊毕业设计的一部分，一个偶然的契机让团队获得了招生办公室给予的机会，可以将二校门纸模应用在 2018 年的录取通知书上。但为了将这个想法落实，团队遇到了许多意料之外的困难。

2018 年清华大学录取通知书

在通知书中使用的二校门立体纸模，深度还原了清华大学二校门这一地标性建筑。团队通过反复抽取元素、选取试验后，选用了灰白两色特种纸，来凸显出二校门的庄严与典雅。

在工艺选择上，团队采用了激光雕刻，在兼顾精细之余，最大限度地保持纸张原色，雕刻出 30 余个纸艺部件与上百个拼插结构。激光雕刻虽然细致，但是容易灼伤纸板，使纸板失掉它原本的色调。寻找合适的方法避免激光灼伤变黑，也是创意实现过程中遇到的棘手问题。这种寻找没有捷径，只能通过一点点的尝试和努力，不断地优化工艺参数。

这种精细的另一个"代价"就是所有的部件都需要手工拼接。为了大批量生产，在保证艺术效果的同时，需要尽可能地让结构不那么复杂，以保证拼接效率。在批量生产过程中，团队对工艺结构进行反复调试与优化，努力在实现最大还原度的前提下提高生产

王德龙、管玉磊团队的激光雕刻零部件

效率。

　　在应用到录取通知书上的过程中，纸模也会受到尺寸的限制，二校门展开的位置以及朝向，都涉及工艺的改变以及纸艺部件雕刻位置的微调。二校门连接在通知书外壳上，而外壳又需要为统一印制的单页录取通知书预留足够的空间，这导致二校门的折叠处无法定位到纸模正中央，使纸模的展开增加了难度。因此团队在多次试验后决定，将原本的两个链接点增加到三个，用细绳固定。这样即使反复折叠上千次，二校门都会稳稳地立于纸上。

　　为了能置入单页录取通知书，团队尝试了多种方式，最终为了整体视觉效果，选择配合此前由清华美院陈磊副教授完成的平面设计中的紫荆花图案元素，在内页中黏上 4 个紫底烫金花纹的置物角。外壳打开的角度超过 180°就会有损坏二校门的风险，为此团队研制了一种书脊设计，使得通知书最大打开角度固定为 180°。合并之后，由于纸模本身厚度造成通知书无法完全闭合，为此团队试验了 10 余种方案，最终以内嵌磁贴的方式解决了这个问题。

　　研发之路，坎坷崎岖，但团队以精益求精的精神，争分夺秒的工作和对清华的责任感、使命感，在招生办公室老师们的倾情帮助下，最终将问题一一化解，矗立在新版录取通知书上的"二校门"才得以用饱满的姿态出现在世人面前。

王德龙、管玉磊团队设计的立体二校门

管玉磊和王德龙在办公室展示新版录取通知书

立体二校门录取通知书在6月30日由清华官方首发后,短短几日之内就获得了社会各界极大的关注,各大主流媒体相继转发,登顶微博热搜榜半天之久。一时间,各个平台掀起一股"最美录取通知书"的讨论热潮,将一阵文创之风吹进了高校的视野。新版通知书的意义不仅仅是一件制作精良的个案,它使得各大高校都注意到了文化创意对提升自身公共形象的重要作用。

管玉磊和王德龙的文创道路并没有止步于此,他们与另一位

新版录取通知书登顶热搜榜

清华美院毕业生曹宇哲组成合伙人团队,开始了文创创业的道路。目前,团队的项目已在多个景区落地,其中更是获得了八达岭长城的授权,在长城登城口开了一家长城主题的文创产品店,用文创产品将长城的历史文化传递给国内外游客。

团队自主开发与经营的"长城礼物"文创产品店

管玉磊和王德龙更希望以清华为起点,怀着赤子之心与感激之情,用文创传播清华形象;同时将眼界放得更远,带着专业与热情,用文创讲述好中国故事。用产品传递文化,用创意点亮生活。

清华大学校园讲解志愿者：自我实践，服务他人；自我教育，推动社会

供稿　清华大学讲解志愿服务团

　　清华大学校园志愿讲解活动起始于 2005 年，业已发展成为校内志愿者规模最庞大、影响力最深远的志愿活动。十四年来，在讲解志愿服务团搭建的传承清华精神、弘扬清华文化的平台上，清华大学校园讲解志愿者秉承"自我实践，服务他人；自我教育，推动社会"的宗旨，以"更好地传播校园历史与校园文化"为己任，通过参与校园志愿讲解，学习清华校史，以实际行动践行"厚德载物"的校训文化，在校园志愿讲解过程中深度感受公益文化，将志愿精神深植于心。

2018 年十一校园志愿讲解中，前来慰问的邱勇校长与志愿者合影

　　2018 年，讲解志愿服务团打响了五一"园系你我"、暑期"志愿一夏"、十一"志愿第一课"三大大型校园志愿讲解的品牌；全年参

与志愿者 5 000 余人次,志愿工时突破 20 000 小时;首次推出暑期校园志愿讲解;首次开展"口述清华"社会实践项目并斩获清华大学社会实践金奖;设计讲解系列文创产品,增强志愿服务的主人翁意识。

紫荆志愿者,厚德清华人

经过十多年发展,校园志愿讲解不断地丰富完善,已经从小众参与的志愿活动发展成为清华校园内参与人数最多的志愿活动,形成了重点突出、全年覆盖、影响辐射的公益特色。

讲解志愿服务团以每年三场大型校园讲解活动为抓手,积极调动同学们参与到校园公益活动中来。春季学期,我们结合校庆和五一假期,推出了"园系你我"校园志愿项目,重点服务广大返校校友,同时这也为新老清华人搭建了一个宝贵的交流平台;秋季学期,利用开学不久的十一假期,我们致力于向新生宣传清华公益文化,结合学生第二成绩单,推出"志愿第一课"校园讲解活动,以主人翁的视角,给广大本、研新生以沉浸式的清华公益理念和校史文化体验;暑假小学期,我们与保卫部等校内多个部门联合开展"志愿一夏"讲解活动,利用同学们小学期的空余时间,向世界各地的游客朋友们宣传清华文化,展现清华人的优良风貌。

讲解志愿服务团还承担了来自清华大学对外交流中心、校团委等各部门大量的官方接待任务。不论是来自港澳台的各界同胞,还是各地方团委组织的团日活动,抑或是各院系邀请的学术大拿……平均每周三场的活动里,讲解志愿服务团竭力为每一位嘉宾展现清华人的自信与开放。

除了讲解核心业务,讲解志愿服务团也积极地走出去,实现更广泛、更全面的志愿输出。讲解志愿服务团连续三年承担了我校对口支援新疆大学、青海大学两校暑期英语夏令营的校内承办任务,为来自西部地区的莘莘学子提供在清华两周的衣食住行全方位解决方案。中国气象局国家气象日活动，也由讲解志愿服务团全员参加，为全国的气象爱好者们讲授气象知识，宣传科学精神。

校园讲解志愿者带领来访学子参观校园

不忘志愿初心，牢记公益使命

2018 年，讲解志愿服务团不忘初心，牢记使命，根据自身定位和清华的发展与时俱进，不断推陈出新，提升公益影响力。全年参与志愿者约 5 000 人次，产生志愿工时突破 20 000 小时。在 2018 年的"志愿第一课"十一校园志愿讲解活动中，校园讲解志愿者的参与度及服务量再创新高：超过 2 700 人次清华在校学生参与，其中超过 70％为 2018 级本科新生，共产生志愿工时 11 134 小时；吸引 116 个班级、团支部、党支部等以集体单位报名，将感情建设融入志愿服务过程中；吸引 23 名国际学生报名参加，展示了清华国际化的独特魅力；直接服务校外参观人员超过 10 000 人。十一校园志愿讲解在志愿者覆盖量、游客服务人数、十一服务志愿时长等方面均创下新纪录，极大地带动了清华学子——尤其是 2018 级新生的志愿公益氛围。

2018 年,讲解志愿服务团坚持以人为本,将提升志愿者的公益体验作为工作开展的第一位。我们首次组织了优秀志愿者开展社会实践项目并获清华大学社会实践金奖;校园讲解志愿者从校园志愿讲解走向社会公益服务;通过"口述清华"活动从老校友口中汲取清华历史文化以补充志愿讲解;设计制作校园地图折页、讲解志愿文化衫、清华风物挂件、讲解手册、校园讲解志愿者吉祥物等系列讲解文创产品,来传播清华文化,增强志愿服务者的主人翁意识。

传承公益精神,孕育志愿骨干

校园志愿讲解中涌现出一大批优秀的志愿者:双胞胎刘闯、刘冲兄弟进入大学后坚持多年参与校园讲解,双双获评"清华大学十佳志愿者";现任讲解志愿服务团团长李明煜同学通过校园讲解对校史产生浓厚兴趣,发起了"口述清华"专题实践,获评了 2018 年清华大学学生社会实践金奖支队;特奖舞台上也有讲解志愿者的风采,2018 年特等奖学金获得者江国琛在答辩会上曾说,在校园里最令他感动的一件小事是在校园志愿讲解中与一名游客小女孩合影,她对妈妈说"我长大了也要当像他这样的志愿者"……从清华大学校园讲解志愿者群体中,走出了"薪火计划"成员、研究生支教团成员、院系志愿骨干、清华大学星级志愿者、清华大学十佳志愿者等。

校园志愿讲解逐渐成为培养新生志愿公益精神、孕育紫荆志愿者的一个摇篮,成为一个传承清华精神的育人平台和弘扬清华文化的公益服务平台。

校园志愿讲解看似是一件人人都可以做的小事,但这件小事能够反映出一所大学的学生精神风貌,展示出一所大学的文化历史底蕴,同时也是培养当代大学生公益意识、社会责任感与担当的重要途径。

校园讲解志愿者为游客进行讲解

　　清华大学校园讲解志愿者将继续秉承自己的志愿宗旨,更加努力地完善自己的志愿服务工作,让每一名清华学生感受清华的风物与历史,让来清华参观的社会人士感受到清华的人文精神与文化传承,让志愿的红马甲成为校园一道亮丽的风景线,让志愿与微笑成为一种习惯!

119

温家星: 2018，卫星刚入轨，梦想刚上线！

文　温家星

• *温家星　清华大学 2017 级工物系-中物院联合培养博士研究生*

温家星，2013 级工物系本科生，中物院定向生，2017 级工物系-中物院联合培养博士生，"天格计划"学生兴趣团队发起人和首任队长。温家星 2016 年组织成立"天格计划"学生兴趣团队，2017 年带领"天格计划"学生兴趣团队获得清华大学第三十五届"挑战杯"特等奖。2018 年 10 月带领"天格计划"载荷技术团队将"天格计划"首颗实验卫星发射入轨并上电测试成功。

组建团队，我们的目标是星辰大海

在 2016 年 10 月，温家星在工物系曾鸣副教授、冯骅教授的共同指导下，自主选题提出了"引力波暴电磁对应体探测网"，并发起了"天格计划"学生兴趣团队。"天格计划"的主要科学目标是探测近邻宇宙中中子星并和引起的伽马射线暴，是一个以学生为主体的、针对基础科学前沿研究的科研实践项目，同时也是一个学生兴趣团队形式的基础科学拔尖人才培养项目。

温家星同学作为"天格计划"学生兴趣团队首任队长，将来自工物、物理、航院、电子和机械等院系的 35 名同学很好地组织起来，开展"天格计划"科学论证及原型系统设计研制工作。学生团队分为科学组、载荷组和卫星组三个小组开展工作，自主地进行学习和探索。

"天格计划"学生兴趣团队首批成员（第一排左一为温家星）

2016年10月至2017年4月，温家星组织带领"天格计划"学生团队组织了上百次学术讨论，完成了科学论证和两万余字的科学建议书撰写，完成了基于溴化镧的探测器原型设计以及组网定位模拟，邀请了兴趣团队导师团的各位导师、国家天文台袁为民研究员、南京大学戴子高教授、中科院高能所刘聪展研究员以及LIGO合作组成员加州理工大学陈雁北教授等多位进行报告和交流。

温家星在2017年中国天文学年会上做口头报告

　　2017 年 4 月，温家星同学及"天格计划"学生团队完成上述科学报告与第一代原型系统，获得清华大学第 35 届"挑战杯"特等奖。2017 年 6 月、8 月、10 月和 2018 年 1 月，温家星同学先后在"引力波与电磁对应体探测——香山会议""中国天文学年会""暂现源相关天文现象观测与研究——武汉会议"和"清华大学引力波成果发布会暨第六届北京引力波研讨会"上作口头报告，相关工作获得了各位专家的一致好评。

邱勇校长在 2017 年挑战杯科展上参观"天格计划"

温家星参加清华大学首届年度科研创新交流会

2018年1月18日，温家星作为唯一的学生代表，在清华大学首届年度科研创新交流会上向邱勇校长等校领导口头汇报"天格计划"学生团队的科研进展情况和科学目标。会上，邱校长鼓励他："我欣赏你们作为本科生挑战前沿问题的勇气！"温家星则信心满满地回应："2018年，我们的目标是要发射第一颗卫星！"而他也确实通过努力奋斗做到了。

真刀真枪，成功背后的铺垫总是太多

从2017年5月开始，温家星便带领"天格计划"团队成员展开了更加困难的技术攻关，将一个地面系统正式变为一个卫星系统。由于卫星对探测器条件的限制，需要在小体积、低功耗的情况下实现高效率的探测，团队与老师讨论后，选用了国际上最新型的闪烁体探测器方案——GAGG闪烁体加SiPM光电读出。温家星作为团队队长，主动扛起繁杂困难的技术工作，完成了从光产额标定、晶体反射膜包覆、SiPM光耦合，到电子学低噪声读出、电子学可靠性设计，到探测器晶体、SiPM和电子学系统的全套设计、研制工作，并组织带领团队完成了探测器机械结构设计和固件程序编写工作。

"天格计划"首星探测器载荷

研制工作并不是一帆风顺，为了理想的实验结果，探测器设计方案一再改进，温家星无数次在实验室通宵实验，与导师团的老师们反复讨论、优化探测器设计方案。在临近发射的几个月里，眼看着交付正样的日期越来越近，系统调试却频频出现问题，连指导老

123

师都说,可能天格首星赶不上10月底的发射了。"虽然想法上有过放弃,但行动上依然在一直努力,"温家星在回忆起在实验室通宵的日子坦言,"很感谢曾经坚持下来的自己。"

"天格计划"首星探测器载荷热真空实验(左)和整星装配图(右)

10月29日8时43分,"天格计划"学生兴趣团队的首颗实验卫星从酒泉卫星发射中心发射入轨。截至目前,天格计划首星运行状态良好,探测器各项功能正常、符合设计指标,正在逐步完成各项在轨测试标定工作,并逐步开展科学探测。

温家星在酒泉卫星发射基地

"天格计划"是一个人人都觉得很酷的项目,但对温家星来说,"天格计划"可能更多的是重复、枯燥的实验和调试。"天格计划"受到过很多人的支持,但在首都"挑战杯"答辩的赛场上,也遇到过各种质疑,有评委怀疑学生是否能做成,当面批评"发卫星是国家的事,你们大学生还是歇着吧"。但正是温家星和整个团队面对困难时锻炼出来的坚韧、年轻人对于梦想的坚持,让属于清华同学自己的"天格计划"首星最终闪耀在星空中。

不止于此,立志为祖国做出更大贡献

"天格计划"学生兴趣团队在清华大学工物系、清华大学天体物理中心、清华大学团委、清华大学科研院的支持下,在温家星的组织带领下,形成了包括2013级至2018级的7个院系不同学科的几十名本科生的兴趣团队。北京大学、中国科技大学、南京大学等20余所国内外高校的老师和同学也逐步加入到"天格计划"中,组成天格联盟。

温家星带领低年级同学做实验

"天格计划"是一个学生兴趣团队,也是一个真刀真枪的学生科研实践项目,坚持以学生为主体,温家星已经将兴趣团队逐步移交给更低年级的同学,新一代的队长和理事长将团队组织得有声有色。而温家星则即将奔赴中国工程物理研究院激光聚变研究中心,开展自己的博士研究生课题工作,利用在清华,在天格团队学习到的知识、能力和科学精神,努力为祖国的核事业做出贡献。

程正雨：我终于成为了一名村民

文　程正雨

• 程正雨　清华大学马克思主义学院 2018 级博士研究生

2018 年 11 月 18 日，随着鞭炮声的响起，崀山岛东角村的乡村振兴大礼堂开工仪式正式开始，程正雨同学也荣幸地成为东角村的一名"荣誉村民"。这是他最近一年内第三次来到崀山岛，他为这里的乡村振兴工作倾注了大量的心血。

崀山岛东角村乡村振兴大礼堂开工

更新改造后的东角村乡村振兴大礼堂屋顶

127

从美丽乡村到乡村振兴，名称变了，但信念没变

　　程正雨同学，从本科时期就开始关注中国乡村的发展。他大一暑假，便作为支队长组织同学前往贵州省毕节市纳雍县开展支教活动，从那时起便与乡村结下了缘分。此后，他便不断思考着如何能够为乡村的发展贡献自己的专业力量。

　　2014年暑假，他开始参与"美丽乡村"的实践工作。作为美丽乡村实践支队长，带队前往山西省灵丘县，为韩家房村设计了结合当地传统文化特色的民房，用参与式的设计方式与村民交流，希望给村民打造真正满足生活需要的场所。

　　此后他一直坚持相关的乡村实践，到现在已经是第四个年头。从当年仅仅是一个小小的参与者，到现在成为整个学院团队的组建者和筹划者，他积极推动实践育人，组织了大批的同学参与到"美丽乡村"的建设当中。慢慢地，他成为建筑学院乡村实践的灵魂人物。

程正雨同学在韩家房村绘制壁画

程正雨设计的韩家房村民房图纸

在党的十九大报告提出乡村振兴战略之后，他意识到新时代青年要有新作为，清华人要承担新使命。于是迅速地调整思路，在过去多年实践的基础上，他联合学院老师创新性地提出"乡村振兴工作站"模式，把地方乡村废弃的空间，通过适宜性设计，改造成一个未来可以驻点服务乡村振兴的工作站。

程正雨同学在现场测绘(右一)

程正雨在用无人机对选定的工作站点进行记录

工作站将选址乡村中 200～300 平方米的住宅、粮库、学校等闲置房屋或待建场地,更新改造后,可以成为满足师生工作与生活、教育与培训以及村民公共活动需求的空间。未来能够以点带动全村,甚至全乡,乃至整个县的发展,构建一个宽阔的平台,不断地给乡村提供资源和支持。

程正雨在村中与村民促膝交谈(左四)

2018 年,他累计组织师生 300 人次前往了祖国 12 个省份 16 个区县开展"乡村振兴工作站"的调研、设计、建设工作,现与 10 个区县达成合作协议,筹集地方政府建设费用逾 1 000 万元,目前 2 处工作站已正式开工,其他地区正在陆续完成最终方案的规划设计。

暑假里,研究生毕业典礼一结束,他便把所有的时间和精力投入乡村,马不停蹄地在全国数十个村子之间辗转,分别奔赴了九个区县:云南盐津、江苏高淳、陕西王益、海南美兰、福建福鼎、重庆长寿、浙江龙游、福建闽清、山西闻喜。期间还去了一趟以色列,调研以色列的集体农庄,希望从国外获取一些有关中国乡村振兴的启发。他无时无刻不牵挂着各地的村子,想要赶快地为乡村做点实事。整个假期他黑了一圈,回来大家都"笑话"他真变成了一个村民了。

到达时间	离开时间	人员	支队地点
712	714	程正雨	云南盐津
714	716	程正雨	江苏高淳
716	718	程正雨	陕西王益
718	722	程正雨	海南美兰
722	725	程正雨	福建福鼎
725	728	程正雨	重庆
728	729	程正雨	北京
729	809	程正雨	以色列
810	812	程正雨	浙江龙游
812	815	程正雨	福建闽清
815	818	程正雨	山西闻喜
818		程正雨	北京返校

程正雨的暑期行程记录

从个人到团队，他还想带着更多人和资源去到乡村

工作站的雏形其实来源于他参加盐津县举办的工作营的设计成果。在工作营中，程正雨带着三个小伙伴共同设计改造了一栋普通民居，提出的方案名称叫做"山水·聚贤"。聚贤，则是希望在当前的时代背景下，真正为振兴乡村创造机会。这里的贤，既是指贤人，也是贤物、贤事，意为将更多的人和资源引入到我们的乡村中。他们工作营最后的成果获得了佳作奖（第一名），得到所有评委的一致好评。

从 2018 年寒假开始，他着手推动乡村振兴工作站的模式在全国不同的地方扎根。从最初的一个人，带着一个队伍，慢慢地，星星之火，成燎原之势。

所以整个乡村振兴工作站项目也取得了卓越的成效：团队累计完成了 16 份、407 页针对不同地区情况及需求的设计方案图纸，收集了 300 余份问卷并完成了 14 份不同乡村的调研报告，制定了两份地方规划发展导则，剪辑视频及纪录片 9 个，还设计了 3 套结

程正雨(左四)的团队获得佳作奖

132

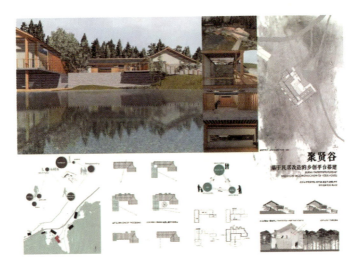

程正雨在工作营中完成的方案图纸

合当地文化特色、民风民俗、农副产品的特色文创产品。该项目也获得清华大学社会实践金奖,北京市"青年服务国家"优秀支队等荣誉,他把这种模式不断推广,得到了首都各高校的大力支持和响应。

工作站的建设也得到了多方的大力支持。和地方政府沟通后,地方政府表示一个同学只要去一个村子达到三次,便可授予

"荣誉村民"称号。同时，很多企事业单位也愿意投入资金支持，使工作站的平台变得更加宽广。

建筑学院乡村振兴论坛，多方单位参会（程正雨一排右一）

但有了这些成果他觉得还不够，今年他联合一些对乡村感兴趣的师生成立了学生乡村振兴工作室，希望能够把乡村振兴的事情做得更扎实，纳入不同专业的师生，打造一个可以全方位服务乡村发展的团队。总书记在十九大报告中就提出要培养造就一支懂农业、爱农村、爱农民的"三农"工作队伍。他认为这是解决目前城乡发展不平衡、乡村发展不充分的重要途径，现在需要让广大的青年认识到我们可以利用自己的专业特长为乡村做出力所能及的贡献。

从建院到马院，他想把马克思主义写在中国大地上

他是 2011 年入学清华，到现在已经第七个年头，没有遇到"七年之痒"，反而更加不忘初心，牢记使命，把这份青年的责任扛在肩

上。他硕士毕业后从建院转到了马院读博,从研究建筑跨越到研究"上层建筑"。他希望能够将理论与实践相结合,把马克思主义书写在中国大地上,用自己的实践和理论探索出一条符合中国乡村发展的路线。

他想把"乡村振兴工作站"做成"行走在乡间的思政课",这样便能够让同学们在祖国大地上,学习运用马克思主义原理,真刀真枪践行马克思主义,为乡村发展贡献力量。同时也想推动工作站成为"新时代的讲习所",成为第一线传播马克思主义精神的基地,让马克思主义精神在中华大地上焕发生机,在基层中更加深入人心,并给马克思主义理论的发展带来新的活力。

有了这些实践,使他能够不断地总结方法经验。在今年首都五马论坛上,围绕"全面深化改革与青年工作"主题,程正雨同学就论文题目《乡村振兴战略视野下的学生社会实践模式创新——以清华大学建筑学院乡村振兴工作站为例》作了报告。他以"乡村振兴工作站"为例,介绍了过去乡村实践存在的问题和尝试解决这些问题的办法,将自己的专业所学、志趣所向与国家战略、改革开放、社会发展紧密结合在一起,充分体现了马院青年学生的风采。程正雨也被授予了首都五马论坛优秀论文奖。

程正雨同学在五马论坛上作报告

　　同时作为博士生讲师团的一员，他自己也在积极地推广宣传乡村振兴的意义和青年的责任，他的宣讲题目是："实施乡村振兴战略，坚决打赢脱贫攻坚战，做新时代服务乡村发展好青年！"希望号召更多的青年可以加入到服务乡村的队伍中来，将这份脱贫攻坚、振兴乡村的事业一直坚持做下去，为建设社会主义现代化乡村贡献青春力量。

程正雨同学在首都大中专学生暑期社会实践总结表彰大会上宣讲

　　他期待有更多同学同他一道，用脚步丈量乡村大地，用汗水浇灌振兴梦想。用青春和激情改写乡村，让"村民"成为自己一辈子骄傲的称号。

清华大学超算团队：兴趣、挑战、不断前行

供稿　清华大学超算团队

美国当地时间 11 月 15 日，2018 年国际大学生超级计算机竞赛（SC18）在达拉斯落下帷幕，清华大学计算机系超算团队摘得总冠军，总分 88.398 分（满分 100 分），高出第二名新加坡南洋理工大学 11.518 分。至此，在 2018 年三大国际大学生超算竞赛 ASC、ISC 和 SC 中，清华大学超算团队包揽了全部三项竞赛的总冠军，实现了继 2015 年后的又一次"大满贯"。这也是清华大学超算队伍在此三大国际性大学生超算竞赛中累计获得的第 11 项冠军。

清华大学超算团队获奖

全球超级计算大会（Supercomputing Conference，SC）是国际超算领域的顶级会议，国际影响力巨大。作为会议的重要组成部分，

SC比赛是超级计算机领域的顶级赛事,每年举办一次,吸引着世界各国和地区的众多高校参与。比赛旨在促进大学生与工业界之间的联系,推动世界各地区超算青年人才的交流和培养,提升超算应用水平和研发能力。

参加本次竞赛的清华超算团队成员主要由计算机系于纪平(计52)、余欣健(计55)、何家傲(计62)、郑立言(计64)、赵成钢(计75)和交叉信息院娄晨耀("姚班"计科60)6名不同年级的本科生组成,由参加过多次国际竞赛的高性能计算所研究生曹焕琦、冯冠宇和王邈担任技术支持。指导教师为计算机系副教授翟季冬和博士后韩文弢。同时,本科生唐适之(计53)、陈宇(计54)、顾煜贤(计75)、陈晟祺(计63)和张晨(计71)5位同学参与训练。

本次竞赛共有来自全球15所高校的本科大学生组队参赛,清华大学作为唯一一所内地高校参赛。与传统强队新加坡南洋理工大学和中国台湾新竹清华大学等传统强队激烈角逐。比赛要求参赛队伍在总功率3 000瓦的限制条件下,自行搭建计算集群并在集群系统上进行6个应用程序的性能比拼。在48小时的竞赛时长中完成超算集群的性能基本测试HPL(直译为高性能线性系统软件包)和HPCG(直译为高性能共轭梯度),大规模机器学习,核裂变链式反应的稳态求解与模拟,论文复现——特大地震模拟,现场公布的神秘应用等内容。同时还设置了采访、参会、海报设计等环节,成员需在比赛中向评委介绍自己优化的应用和正在进行的软件优化设计,还需要在48小时内完成一篇在国际权威杂志具有发表能力的英文论文。

结合赛前集训和现场超算集群的性能基本测试情况,清华团队根据给定的部分应用程序负载特征,讨论决定采用GPU(图形处理器)和CPU(中央处理器)不同节点结合的集群服务器配置,很好地平衡了性能测试和应用程序的最终得分。

"最难的是如何取舍。就像摄影,不可能保证一个镜头就将远全中近特各个景别全部涵盖。"翟季冬这样说。何况集群的设置还要包括处理器类型和数量、加速器类型和数量、互联网络、服务器

清华大学超算团队在赛场

数量等一系列要素。既要保证基准测试程序的性能又要适应应用程序的需求,这就要求队员们对计算机硬件本身和软件的优化有极强的把握,同时对比赛策略作出抉择以及对比赛结果拥有正确的预期。这是一场对同学们全方位能力的考察。

事实上,考察从出发前就开始了。由于主力队员唐适之的签证问题,团队在出发前一天临时更换了成员。这迫使团队把早已计划好的比赛策略推翻重来。于纪平回想起当时的情景,"心里本来挺没底的,但还是要硬着头皮上,相信大家的实力"。

随着比赛的深入,挑战接踵而来。在应用环节开始之前是超算集群的性能基本测试,由队长于纪平主要负责。比赛一开始,规则的突然调整让经验丰富的于纪平也措手不及。本来是在一定时间内分别记录 HPL 和 HPCG 的最好成绩,而新规则要求连续跑完两项测试,成绩才是有效的。这无形中为题目增加了不小的难度。于纪平回想起当天的"惊险"经历:"因为 HPL 跑完电脑功耗已经很大,电脑过热将影响紧接着的 HPCG 的速度。连续跑完两项测试大概需要 40 分钟到 1 个小时的时间,大约 4 点半的时候我得到一个成绩,但我不太满意,所以又重新跑了一次,很惊险地在结束的那一刻上交了成绩。"

最让队员们忧心的神秘应用也在当晚公布——WRF（The Weather Research and Forecasting Model）天气预报模式，是一道超算领域里面的经典应用题目。在当今世界，WRF 主要应用于天气预报的预测，通常具有极大的数据量。"夸张一点说，使用本次比赛的集群要有将近一栋楼的倍数，才能跑完整个数据。"何家傲解释到，"所以我们要在 48 个小时之内对应用进行编译，还要尽量跑更多的数据点，这是非常大的挑战。"

题目要求在给定数据的基础上由队员们自己生成配置文件和卫星云图。这样的程序通常都是相关方面的科研专家来运行的，让缺乏相关领域专业知识的本科同学在 48 小时之内完成这样的任务无疑是一项非比寻常的考验。

得益于多次比赛的积累，清华团队凭借对同类题目的了解，迅速跑完了第一个数据点。但由于题目编译的复杂程度超乎寻常，在比赛已经进行到差不多一半时，题目的第二个数据点的编译问题一直没有解决。凌晨 4 点，6 个年轻人被紧张的气氛笼罩着。于纪平回忆说，"WRF 三个数据点，输入数据均为 NetCDF（Network Common Data Form）网络通用数据格式，但是后两个数据使用了旧版的 NetCDF 文件格式。多次尝试之后，我们发现了问题所在，通过在编译过程中加入 NetCDF 对旧版格式的支持后修复了这个问题。"凌晨 6 点，第二个数据点成功跑了起来。早上 9 点，神秘应用的全部三组数据点成功跑完。

最终，凭借全面、深刻的超算系统理解与应用理解能力以及出色的性能优化能力，清华团队在 6 个应用上取得佳绩，获得 88.398 分，领先第二名新加坡南洋理工大学 11.518 分。以大比分优势领先，成为 2018 年 SC18 的总冠军。

当地时间 15 日下午，颁奖典礼现场，当组委会赛事主席约翰·卡泽宣布清华超算团队为总冠军的时候，成员们激动地欢呼了起来。48 个小时，这一场脱胎换骨的战役，清华赢了！

清华大学超算团队合影

沙明：志合者，不以山海为远

• 沙明 清华大学社会科学学院国际关系学系 2017 级
博士研究生

2018 年 4 月 10 日晚，清华大学博士生讲师团"核心律章"2018
年首场宣讲报告会如期举行。来自阿富汗的国际学生、清华大学
社会科学学院 2017 级国际关系学系博士生沙明作为讲师团成立
20 年来的首位国际讲师，站上讲台展开了题为"'一带一路'倡议与
人类命运共同体"的宣讲。沙明结合阿富汗近代饱经苦难的历史，
阐述了中国"一带一路"倡议和人类命运共同体的深刻关系。

他的家乡喀布尔即波斯语中的"贸易中枢"，是丝绸之路上的一
颗明珠，中西文化在这里交融，犍陀罗艺术在这里诞生。然而近代
以来，阿富汗却先后成为许多国家角力的坟场，饱受战乱之苦，前景
迷茫。从小到大，为了躲避战争的威胁，沙明搬了许多次家，爆炸与
枪击伴随他的整个少年时代。他衷心期望在历史上创造了辉煌文
明成果的丝绸之路一定会在新时代绽放出更加绚烂的合作之花。

中国国家主席习近平提出建设"新丝绸之路经济带"和"21 世
纪海上丝绸之路"的合作倡议时，沙明正在对外经贸大学求学。在
中国驻阿富汗大使馆与阿富汗中国商会工作的经历，使他深度参
与了"一带一路"倡议框架下的许多实际的工作。

沙明认为中国的发展举世瞩目，有许多地方可供阿富汗学习
和借鉴，正如一句伊斯兰谚语所讲，"学问，虽远在中国，亦当求
之。"沙明便下定决心到清华大学——中国的最高学府深造。

沙明在"核心律章"宣讲报告会上

沙明在导师吴大辉教授的指导和帮助下，系统研究阿富汗问题，为了将来更好地服务于祖国做好充分的准备。他时时刻刻思考着祖国的前途命运，希望能够尽己所能，为她带来积极的改变。

在他看来，博士生讲师团是帮助他更加全面地认识中国，更加深入地理解中国的最佳窗口。除了加强对书本知识的学习，沙明还前往河南兰考、浙江安吉、安徽凤阳等地调研，学习"精准扶贫"的理论，积累丰富的实践经验，并通过流利的中文向当地干部群众宣讲，展现了清华学子的学识与风貌。

沙明在分享对扶贫工作的观察与思考

　　沙明与挚友清华大学社会科学学院 2017 级政治学系博士生余霄，通过"中西方政治思想比较"课堂上的深入探讨，决定一起合作互译古代波斯和中华文明的学术经典。他们认为"无论东方西方，人同此心，心同此理"，也即清华校歌"立德立言，无问西东"的道理。

　　以此为基础，他们与更多清华的国际学生朋友一起，发起成立了"清华大学学生一带一路研究协会"（SABRI），尝试从清华校园开始，促进中国学生与国际学生围绕"一带一路"主题展开各类政策、经贸、学术、文化的合作与交流。"学术翻译是最基础的工作，或许在其他成百上千个以'一带一路'为名的团体看来，这是笨活累活，我们却坚持一定要做。树根扎得有多深，树干长得有多高。"

沙明与朋友们在"清华大学学生一带一路研究协会"成立仪式上

　　扎根在对不同文明充分尊重与深入研究的基础上，"清华大学学生一带一路研究协会"自 2018 年 9 月 28 日，孔子诞辰纪念日成立以来，举办了形式多样、内容丰富的活动，广泛吸引了海内外青年对"一带一路"相关政策的学习热情和参与积极性。

　　协会先后举办了一带一路青年研讨会系列，逐月对 8 个关键地区进行研讨，即南亚、中亚、东北亚、中南半岛、南洋群岛、新月沃土与小亚细亚半岛、阿拉伯半岛与红海、东非。每次研讨会将邀请至少 5 位来自相关区域国家的主讲人作专题报告，从不同的文化视角和知识进路,多维度地呈现出一带一路与地区研讨的丰富性。

协会主办了首届"亚洲青年圆桌会议"并发布《亚洲青年宣言:人工智能与人类命运共同体》,邀请40多个国家的代表就技术革命与未来社会贡献青年视角。协会还举办了一带一路上的企业家、旅行家、女性三个系列讲座,邀请相应领域的杰出人士到清华分享他们的精彩经历。

沙明希望通过学生一带一路协会,加强学习的同时,也为祖国的发展寻找机会。因此,他邀请阿富汗驻华大使馆商务参赞系统地介绍了阿富汗投资环境,帮助中国企业走进阿富汗,为国家基础设施的重建与工业现代化发展做出切实的贡献。

**沙明与朋友们共同发布《亚洲青年宣言:
人工智能与人类命运共同体》**

沙明是清华大学营造多元校园环境、培养学生全球胜任力、贯彻落实一带一路倡议最为生动的案例,他是活跃在讲台上的宣讲青年,是充分调研中国基层社会的观察青年,是在书桌前架起中外学术桥梁的学术青年,也是促进跨文化交流参与全球治理的友好青年。2018年,对于沙明来说,是难忘的一年。

在清华,他"更懂中国,更爱中国",他也将继续努力,把自己对中国的理解和热爱分享给更广阔的世界。

王明媚：清华快闪女指挥背后的故事

文　李宗阳

- 王明媚　清华大学五道口金融学院 2018 级硕士研究生

王明媚，校学生艺术团工作组成员，现就读于五道口金融学院硕士一年级，历任合唱队队长、艺术团副团长等。曾参演过包括《马兰花开》、2017 年央视元宵晚会、2018 年清华大学新年晚会、全国第五届大学生艺术展演活动等校内外的大型文艺表演及比赛。

王明媚个人照

2018 年的倒数第二天，清华师生的朋友圈里被这样一条推送刷屏：

 2018，我们共芳华丨快闪献礼，清华师生同唱"我和我的祖国"！

10小时前

朋友圈截图

在校研究生会和艺术团同学们的努力下,清华师生用快闪的形式唱响祖国的献礼。无数的感动与欣喜凝聚于一首《我和我的祖国》中,歌声荡漾在冬日晴光里的六教。

清华大学师生快闪现场

"学习清年"专程采访了担当这次活动指挥的校学生艺术团工作组成员王明媚,听她分享这次快闪活动背后的故事。

问:能否介绍一下快闪活动的策划和拍摄过程?

作为CCTV为祖国70周年献礼的元旦特别活动,这次快闪是在研究生会和学生艺术团主办、学校其他部门配合下展开的,研会负责筹备工作,包括创意策划及工作部署,学生艺术团配合派出了包括指挥、领唱、器乐、合唱等30余名表演人员。

清华大学师生快闪大合影

同学们穿的都是大家日常的衣服，没有特别的准备，我们还是希望呈现出大学生正常的校园生活，体现青春自然、有活力的大学生形象。

当天拍摄的时候，因为前期的策划工作准备得很充分，我们简单定了主要表演人员的位置后就在12：15下课的时间节点正式开拍了，只用一遍就完成了主要的拍摄。参与的同学们都十分配合，在大家的共同努力下，也取得了很好的效果。

问：零下10℃，王指挥穿的是毛衣吗？

在拍摄过程中没有感到冷，可能是因为心中很激动也很温暖，注意力也都集中在想好好完成快闪，所以没感到寒冷。

既然是快闪，参演的同学们也就不能穿得太正式，好像我们要参加专业演出一样。所以那天我本来穿了个帽衫，导演看了半天觉得不太满意，看到一个研会的工作人员，就让我跟她换衣服了，现在想想还挺好玩的，所以说我是穿着"工装"指挥的。

问：怎样和现场的观众们迅速互动起来？

记得拍摄的时候正值中午下课，六教的同学们都到走廊里来了，此时歌声迭起，我们的同学事先准备了国旗，在六教的天井里，上面每一层都有拿着国旗和着节拍挥舞、和我们一起唱歌的同学们。我们在镜头上也看到了，除了少数我们艺术团的表演同学，更多的都是直接在现场被热情氛围打动，主动参与其中的同学们。

我最亲爱的祖国 你是大海永不干涸

现场围观同学挥动手中的国旗一起歌唱

147

　　让我特别感动的是，当天拍摄结束后，一直在旁边看着我们的倪维斗院士主动提出要拍一张合影。这是我第一次见到倪院士，他下课之后在现场和我们一起唱歌，真的让我也感受到了老一辈清华人的爱国情怀。

倪维斗院士在快闪现场

倪维斗院士与王明媚合影

问：之前想到会获得这么多关注吗？

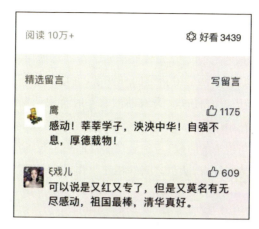

相关推送评论截图

　　确实没有想到，我们的快闪会受到同学们如此多的点赞和祝福，在看朋友圈的时候，很多不太熟悉的同学也都转发并抒发了自己的情感。昨天刷屏之后，一些从前联系不多的朋友也都在微信上和我私聊，感谢我们的工作。不大的付出却让这么多的人都感到温暖，我自己在这个过程中也感受到了来自同学们炽热的爱国情感和对我们的鼓励赞美。

　　当然，一方面是因为我们用了快闪这种对大家来说很新颖的形式，但我觉得更重要的还是这个活动本身。那天在六教上课的同学很多甚至参与到了我们的拍摄工作中，而没有到场的同学们也或多或少地听说了，这都确实帮助我们做了一波宣传。

　　问：作为表演者，对于这次快闪活动有什么特别的感受吗？

　　我这里正好存了一些队员发给我的感想和思考，写得还是很用心的，比如这一条：

　　"我觉得这次快闪活动非常有意义，不仅仅是学校的一次文艺活动，更是弘扬爱国主义热情的一个实际行动，彰显清华文化，表现了清华学子热情、乐观、向上的特质。非常感谢组织策划的学长学姐的辛苦付出，感谢他们为大家呈现出如此完美又独特的视听盛宴。看到倪院士的时候也非常地感动,祖国的强盛正是在他们的不懈努力下才达成,他们是时代的先锋,是我们的目标。"

对于很多同学来说,这是他们第一次参加这种快闪的活动,这本身对队员们来说就是很新鲜的一件事,也帮助他们更好地适应演出、丰富经历。而且这次选取的歌和平时合唱队用的歌不太一样,是一首情感非常丰富,一唱就能唱到人们内心深处的曲子。所以在大家参与进来的时候,特别是在那样的一个现场氛围下,周边同学们的热情和好奇,队员之间的相互协作,使大家对这次活动的感受都很好。

学生艺术团一直致力于将艺术、家国情怀与同学们的日常生活结合在一起。我自己对于这个活动本身的最大的感受就是,它真的很好地把这些结合在一起。不会让你感觉到艺术离你很遥远,也不会让你觉得我们在传递正能量时显得很生硬,而是一个自然而然、水乳交融的过程。其实我们合唱队一直以来都在努力承担起这份艺术传播与历史使命相结合的责任,始终坚持为祖国歌唱、为人民歌唱、为同学们歌唱。比如 2009 年我们参加了国庆 60 周年大型音乐舞蹈史诗《复兴之路》的国庆游行合唱,2010 年参加了央视五四青年节"五月的鲜花"演出,2015 年与全球华人乐团在国家大剧院共同合作"黄河·全球华人音乐会"纪念抗日战争胜利 70 周年。

"看到这么多同学从活动中感受到了温暖,我们自己也觉得非常感动。"

一年又一年,清华人总是用其独特的方式向祖国表白。不仅仅是快闪中的歌声嘹亮,还有驻守边关的艰苦卓绝;不仅仅是快闪中的情深意切,还有埋头书案的夜以继日;清华园里充满了无数个这样的身影,他们,有如冬日里的一把火,点燃了清华的爱国热情;他们,更像冬日里的一首歌,诉说着他们和祖国不可分割的故事。

"艺术团是个小家庭,清华园是个大家庭,我们走出小家庭,拥抱大家庭,让艺术更多、更好地为同学们提供帮助,这是我们努力的目标。作为'又红又专'的清华学子,同学们将来会走向五湖四海,为祖国的发展贡献力量、发光发热。如果到那时我们带来的这份温暖还能在同学们心中一直延续下去,那么我们的付出就是值得的、有价值的。"王明媚说道。

别 样 青 春

廖宁：征服超级铁人三项赛，
她成了清华第一个女"铁人"

文 曾繁尘

• 廖宁 清华大学经济管理学院 2011 级本科生

Ironman Triathlon，中文翻译为"超级铁人三项""大铁人三项"，是起源于美国夏威夷的超级耐力挑战赛，要求选手在 17 小时之内依次连续完成 3.86km 游泳、180km 骑车、42.195km 跑步。"大铁"，是这个星球上难度最大的单日耐力挑战赛。

1995 年 10 月 7 日，中国第一次有人完成 Ironman。

2018 年 4 月 28 日，廖宁，在拼搏 16 小时 26 分钟 42 秒之后，完成了 2018 台东大铁赛，成为清华第一个完成大铁的女生。

廖宁在台湾参加比赛照片

廖宁，清华经管学院 2011 级本科生，今年刚满 25 岁。

从一个旱鸭子到创造历史，她只用了不到两年。

成为"铁人"的第一步：学游泳

2016 年，廖宁在跑步时结识了她后来铁人三项的师父，清华化学系毕业的胡适，后来又认识了胡适的徒弟，同是化学系的高鸿信，他们都是水木铁三俱乐部的成员。这个植根于清华的铁人三项爱好者俱乐部里走出了许多清华"铁人"，包括去年成为全国第二年轻的大铁完赛者的常文治。在这些铁三爱好者的影响下，廖宁走上了铁三备赛之路。

廖宁（右二）与朋友训练

2011 年廖宁入学时，游泳还不是清华学生的必备技能。作为一个南方人，廖宁人生的前 20 多年里，始终不会游泳。而作为铁人三项中的一项，游泳，成了她必须克服的考验。

从小怕水的廖宁第一次找同事教游泳，他像看外星人一样看着她，学习时他让廖宁放松，她说："不行，我紧张。"建筑学院游泳队的教练魏庆芃半安慰半调侃地说："你紧张啥？你比别人都有优势，你浮力大。"

2016 年北京国际铁人三项赛是廖宁第一次参加铁三比赛。比

廖宁练习游泳

赛前一周,她和朋友四个人去密云水库训练。在开放水域和在游泳池里游泳是两码事,当其他三个人下水游了一个多小时,廖宁却一直在岸边抱着柱子不敢下水。直到比赛前一天试水,她仍然不敢下水。

比赛当天,廖宁满脑子都是:"我真的不行,但都跑到这儿了,我不能回去。"

带着破釜沉舟的壮烈,廖宁开始游,每当她游得快不行了,就求助救生船。一路呛水、求助,她成了全场最后一个起水上岸的选手。那时她以为自己被关门了(超出时间,比赛失败),一上岸就哭了。直到得知没有被关门,她才抹掉眼泪继续比赛。

那次比赛结束后,廖宁为了克服游泳短板,坚持大运动量的游泳训练,每天练,逼着自己练,从"看到游泳池都不想下去",到"现在游泳会非常舒服和开心",她花了近两年。甚至因为运动量太大,她的生理期都被搞乱了,好在医生认为没有大碍,她才继续训练。

除了游泳,廖宁每周还要练1~2个5公里跑步,趁上班时中午

水木铁人三项队集体训练

的休息时间跑，或晨跑5公里再去上班，周末还要坚持跑15～20公里的长距离。

骑车训练也是忙里偷闲地练，廖宁没事就在家里练，一边骑车一边看纪录片，就这样把BBC纪录片《二战全史》刷完了。

骑车训练（左二为廖宁）

大铁比赛前，为了不耽误工作，廖宁坚持先训练，晚上再熬夜

骑车训练（左三为廖宁）

工作，邮件都是半夜一两点集中回。就在这样不断地克服自己短板，不断地坚持训练提高的过程中，2018 年台东大铁赛来了。

女铁人的诞生

大铁，铁人三项爱好者的终极挑战，这个星球上难度最大的单日耐力挑战赛。

在这次 2018 年台东大铁赛前，廖宁最大的压力来自对失败的恐惧。

"因为我曾经失败过，所以心里非常恐惧。"赛前廖宁的整个生理期乱了，每次突然间来月经，她只能和陪她训练的教练魏庆芃说，不行，我今天游不了了。

对游泳的不自信、身体状况的反复，让廖宁的焦虑与日俱增。她觉得自己不行，还没有练好。但她又不想给别人太多负能量，只能尽量以积极的心态备赛，在水木铁三群里和朋友们训练打卡、互相鼓励。

参赛前一周，她连续几天晚上做梦梦到自己在游泳。"那种感

廖宁的赛前装备

觉特别真实,关键是在梦里我游得还很快,一醒来,发现不对啊,自己就很崩溃。"

　　比赛前,更让廖宁崩溃的是,她发现自己来月经了。比赛中没有机会换卫生巾,她只能直接上去比。游泳的时候肚子疼,但也没有办法。

　　"我准备了那么久、付出了那么多才来到这里,不可能放弃的。从最初到最后经历了很多困难,但我从来没有一秒钟想过放弃。"

　　因为比赛之前太激动,她一整晚都没有睡好。

　　比赛开始后,因为痛经,廖宁从水里出来后,胃很难受,她吐了20分钟。为了补充体力,完成后面骑车和跑步两个项目,她不得不边吃边吐。

　　骑车时,本来应该以上半身低下去的姿势减小风阻,但廖宁低下身子就会压迫到胃,加重疼痛,于是她只能直起身子骑车,一直到快被关门,她算了一下时间,觉得自己完不成了,心拔凉拔凉的。但她想,自己好不容易走到这里,还是不能放弃,不管怎么样要把骑车完成了。

　　命运女神眷顾了努力的人,最后30公里,廖宁拼命地骑,最终成为规定时间内最后一个完成骑车项目的选手。

　　比起困难重重的前两项,跑步是廖宁最擅长的项目。她的长

2016 北京国际铁人三项赛中的廖宁

处是耐力和体能，在参加铁人三项赛前，已经参加过十几次马拉松。但为了不出意外，廖宁坚持每个补给点都吃东西，吃不下食物就补充糖分、能量、盐，吃盐丸，吃很难吃的能量胶时，还要保证自己不吐。

　　由于前一晚只睡了不到三个小时，天黑后困意袭来，廖宁一度感觉自己就这么跑着，也不知道自己在干吗，直到后来在补给点喝可乐提神才缓过来。

跑步项目中的廖宁

　　有趣的是，跑步时有很多台湾当地的男生，看廖宁一个人跑得很辛苦，就主动说要陪她一起跑，"都是一些特别甜美的小哥哥，长得又帅又高,人也很甜",但他们大多跑一段就要休息走一会儿,廖宁觉得对方很热情,甩下他们也不好意思,就一起走,但实在走太久了,就抛下他们自己跑了。"一路碰到四五个男生,都是这种剧情。"

最终到达终点冲线时,廖宁想摆一个帅一点的姿势,打算张开手臂冲线,结果那张图片被她形容为"买家秀一样的表情",还被朋友 P 成了表情包。

廖宁冲线照片

近 17 个小时的拼搏,清华第一位女"铁人"就这样诞生了。

廖宁的朋友高鸿信这样赞美她:

我们只知道她在关门前 6 分钟完成了游泳,却不知道她游泳时来了例假,还依然在凉水中坚持。

我们只知道她第一换项区用了 20 分钟,还开玩笑说这是补了个妆,却不知道她因为肚子难受吐了十多分钟。

我们只知道她骑车全程 180km 几乎没减速,却不知道她前45km 痛经痛到"怀疑人生",完全凭借强大的意志拼完 180km。

我们只知道她大铁的马拉松只用 5 个多小时就跑完了,快得惊人,却不知道其中 4 个小时都要在黑夜中奔跑,她中间一度累得意识模糊。

廖宁,清华第一位女铁人,你是我们的英雄,我们以你为骄傲!

廖宁的家人一直希望廖宁能成为一个文静的女孩子,尤其是

廖宁完赛照片

父亲，一直担心她做这种高强度运动。每次廖宁跑步，"只要微信运动步数低于一万步，我爸就给我点赞，高于一万步他就不出现。"而如果廖宁某天的微信步数有六七万步，爸爸就会问她："你是不是又去跑马拉松了？"廖宁就不好意思地承认。

与家人的关切略有不同，廖宁的同事们给了她更多欢乐。现在，她在小米公司做产品经理。因为廖宁饭量很大，她的老板会开玩笑问廖宁："铁人三项是比饭量的吗？"在得到肯定的回答后他很自信地说："那你稳稳的，肯定前三名，没有问题。"

还有次公司体检，老板调侃廖宁："铁人三项选手还需要体检吗？你给公司省点钱吧。"

在完成大铁挑战后，廖宁的公司去怀柔团建，她一算，70公里正好可以拉练一下，就说她可以骑车过去。同事调侃说不能保证把她拉回来，廖宁的老板就说："不用操心，她可以跑回来。那地方有没有泳池，有的话正好凑一个铁三。"

和自己相处

未来，廖宁依然有更远大的目标。

从入坑,到第一次标铁完赛,到第一次征服大铁。廖宁还想参加更多赛事,想提高成绩,想要在世锦赛的赛场上和全世界选手一较高低。

廖宁形容参加铁人三项赛是花钱受虐:自费参赛、全世界各地跑、买装备、投入大量精力训练,大部分时候比赛也不会带来奖金和物质回报。但她却依然热爱着这项运动。

"训练深刻地影响了我。我知道它不是生活的全部,但训练本身让我能更好地管理我自己。不少人会跟我说,练铁三之前很多事情做不好,是因为缺少这种意志力,自律的能力。当然你也可以通过别的方法磨炼自己,但我觉得铁人三项真的很有意思。"

廖宁(右一)与朋友合影

在廖宁看来,运动是与自己相处的过程。

"我在学校里的时候,有时会比较浮躁。每个人都有很多欲望,为了满足欲望,要管理自己,要努力。但我那个时候可能更在意结果,因此忽视了过程,处在一个比较浮躁的状态。大学期间有些事做好了,有些事没做好,就这么毕业了。"

　　毕业时,廖宁创业了一年,回看这段经历,廖宁依然觉得有些"浮躁"。当她意识到:人生那么长,有很多时间积累。如果现在把原来积累的都消耗完了,等下一阶段需要更多东西的时候,就拿不出来了。因此她又回来找工作,因为想要继续积累沉淀。

　　"其实跑步也一样,你有一个自己的配速。跑马拉松时,在起点处有人快、有人慢,中途的任何一个赛段,你有可能超过别人,也有可能被人超过,但你永远不知道在终点的时候,那个人在你的前面还是后面,所以你没有必要去跟别人比。"

林子钏：拼下生命中的每一球

文　曾繁尘

● 林子钏　清华大学计算机系 2016 级博士研究生

在首都高校乒乓球圈，有一个传奇球员——清华大学的林子钏。

6 年里，他代表清华出战首都高校乒乓球赛，拿了 4 次单打冠军，5 次双打冠军，6 次团体冠军，在上百次单打比赛中仅输过两次球。

很多人想击败他，但在他看来，最难的是战胜自己。

七岁打乒乓球，小学就成为国家一级运动员

林子钏从七岁就开始打乒乓球，最初，他因为看见哥哥林子健打乒乓球而产生兴趣，"一开始只是帮哥哥捡球，再后来开始喜欢上了。"

据林子钏的父母说，他经常抱着乒乓球拍、手里握着球睡觉，有时在睡觉做梦的时候还会站起来做挥拍打球的动作。

当哥哥林子健打球拿冠军，林子钏在旁边加油，别人会说："诶，那是林子健的弟弟。"等几年后林子钏拿冠军时，哥哥观战，别人就说："诶，那是林子钏的哥哥。"

为了训练林子钏，父母把他送到汕头乒乓球学校，这里曾培养出知名乒乓球运动员马琳，而他也成了林子钏小时很喜欢的球员。

林子钏的家在揭阳，距乒校一个多小时车程，每天下午放学，

童年林子钏(左)与哥哥林子健合影

167

他都会和爸爸赶去汕头练两个小时乒乓球。周末两天则一直泡在
乒校,林子钏的童年时光就是这样和乒乓球度过的。

童年林子钏(左)与刘国梁合影

这样训练一年后,小学二年级时,林子钏第一次参加区乒乓球
赛,拿了第九名,但他却对第一名"心存不服",这种不服输的性格,
从那时起开始慢慢显露,并一直伴随着他的乒乓球之路。等到林
子钏四年级时,他终于拿下区第一名,那也是第一次校长在学校升
旗台下给他颁奖。

童年林子钏参加区乒乓球赛

　　四年级到小学毕业，林子钏的球技飞速提高，拿下第一个冠军后，他和爸爸便飞往全国各地比赛，拿过少年全国比赛的第一名、第三名、第五名，和一些团体冠军，六年级的时候，他拿到了"国家一级运动员"称号。

　　那是一次激烈的全国比赛。林子钏在南方赛区打到单打第五名，南北赛区 48 个人进入总决赛，这 48 人中有很多人现在都在国家队，包括马特、林高远等国手。尽管训练远远没有很多专业选手强度大，林子钏依然力克劲敌，最终打到总决赛第 12 名。

　　在那场决定国家一级运动员归属的 16 进 12 比赛中，林子钏 2∶0 落后对手，被逼到悬崖边。在场间指导时，爸爸跟他说，没关系，慢慢打，比赛是七局四胜制。等林子钏追到 2∶2，裁判要求队员换边（决胜局换边），林子钏才发觉不对，在他 3∶2 逆转赢下比赛后，他才知道爸爸是怕他打得太着急了，以这种方式来让他调整好心情，重新拿出该有的拼劲。

　　这善意的谎言给了林子钏很大的力量，"七局四胜，才 2∶0，可以放开一点去打"，最后才能把比赛赢下来。

童年来北京打比赛的林子钏

打进清华，制霸北京，用拼搏对待每一球

　　白天上学晚上训练，让林子钏比很多专业队的同龄人，在乒乓球上投入的时间和精力少得多。然而在他看来，时间、精力不足并非借口，而是拼搏的动力："从小到大我都抱着一种拼搏的态度来打球，把自己的位置放低一点去拼别人。"

比赛中的林子钏

　　自知投入不如专业选手多，林子钏每次打全国比赛，都逼自己放开去拼，就像他爸爸说的，"每次都会像一只小老虎一样，去喊，去一分一分咬"。

　　带着这份拼劲，林子钏不断地在比赛和学习生活中历练自己。最终，他考进了清华计算机系，并加入了清华乒乓球队。

比赛中的林子钏

林子钏家中的奖杯

大一第一次代表清华比赛时,林子钏在单打决赛中输给了北工大的选手,赛后他非常懊悔。不服输的他在一年后的决赛里再次碰到这位对手,激战获胜后他"朝天猛挥了一拳,狠狠地出了这口气"。接下来的 3 年,他赢了对方 5 次,直到对手毕业。

在北京高校乒乓球圈,清华在很多学校眼里占据着霸主地位。而在林子钏看来,外出比赛除了光环和荣誉,更是责任。"代表学校比赛不能丢人,一定要打好,这是为了整个团队。球队对我寄予厚望,我一定要扛起这份责任,带领队伍拿下一场场比赛。"

岁月如梭,转眼林子钏在清华园里度过了 6 年,6 年里他击败了很多对手,但无论是赢了多少次的对手,林子钏都把自己的位置放得很低,以一种拼搏的精神去对待比赛。如今他正在计算机系攻读博士学位,同时在去年正式担任校乒乓球队队长。

清华乒乓球队合影

运动程序员,用霸气与专注面对人生

在刚进球队时,林子钏知道自己水平很高,但他一直提醒自己不要张扬。球队第一次开总结会时，老师跟他说："你作为球队里最强的，就需要有这份霸气，有这份责任心去为球队拿成绩。"此后，林子钏一直牢记这份教诲，培养自己在赛场上的霸气。

比赛中的林子钏

"有很多对手，他们都很想在乒乓球上赢我，但最后我都会把他们打得非常服气。"在林子钏看来，其实每次比赛的过关斩将都很困难，但他一直能赢球，霸气就是这样磨炼出来的。有时，一站上球场，当林子钏的双眼盯住对方，眼神就能震慑住对手。

比赛中的林子钏

在打了这么多年比赛后，他开始慢慢有了这种感觉："当你把一件事做得足够好，就有足够的自信，每次比赛都能够把自己最好的精神状态调整出来，无论是落后还是领先，都一样去打好每一球，直到比赛结束。"

随着年龄的增长，林子钏对乒乓球的热爱非但没有减弱，反而越来越强。疲惫、放松的时候，他看世界冠军的比赛视频，研究他们的打法，在训练时去模仿他们。每次自己玩球的时候，也会琢磨心得体会。在训练时着重训练这些技术。

而在乒乓球之外，运动精神也为林子钏的科研生活带来了帮助。他的硕士研究方向为机器学习，2018 年 4 月发表了一篇人工智能领域的 A 类国际会议论文。同时，林子钏正在微软实习，时常要在下午去公司工作，晚上回学校训练，训练结束后再回微软。

"我做一件事会特别专注。包括在做科研实验时，如果我对这个实验特别专注，我经常会晚上做梦梦到它，一不小心就醒了。"林子钏认为自己是一名"运动程序员"，在运动方面要做到最好，在自己的专业方面，也要尽力不断超越自己。

173

"我相信自己体内存在着一个超乎想象的自己，需要有足够的勇气去把他唤醒。从小到大就是这样，因为练球时间不够，我会用'拼'的精神去对待比赛。无论场上还是生活，每当我这样做，我总是能把我心里那个强大得超乎想象的自己唤醒，所以我每次都能赢一些我觉得不可能赢过的对手。"

"包括在科研中，曾经我觉得自己很难发表计算机人工智能 A 类会议论文，可能也是打球的影响，我慢慢相信，只要足够专注，那些自己想要但不敢想的目标，终究会实现的。"

鄢晓君：用创业挽救生命

文　俞舒扬 陈缘 曾繁尘

- 鄢晓君　清华大学医学院 2015 级博士研究生

　　2012 年以来，鄢晓君博士与她的团队，在清华大学从事三维细胞培养，为实现精准医疗而努力。其创业项目"3D Cellular"致力于发展更准、更快、更经济的精准医疗与药物筛选，获得社会高度评价，前景广阔。

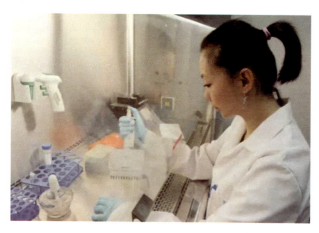

鄢晓君在实验室进行高通量药物筛选实验

　　在这样的光环笼罩下，采访鄢晓君学姐，就成了北宋黄庭坚《豫章集·赠李辅圣》诗中所云的雅事："相看绝叹女博士，笔砚管弦成古丘。"

"为什么要研究？"

　　培养三维细胞，就是她努力的方向。

　　把细胞放置在一个与人体环境契合度较差的二维状态下进行检测，往往难以取得理想的成果。相对复杂的三维培养模式由于种种原因发展停滞。鄢晓君博士并未放弃，怀着将此技术广泛运用的信念，执着地进行试验。"只有把三维培养简单化，让它的操作与二维几乎相同，才可能会普世，会生存和发展。"

　　用"眉飞色舞"来形容平时内敛严谨的鄢晓君博士，此时此刻，却并不显得夸张。在她犹如论文般流畅清晰的表述中，这个三维系统渐渐立体起来。

　　"大家都说三维跟二维有差别，但是这个差别到底是不是好的？这个差别到底有没有什么意义？"

鄢晓君参加美国国际会议介绍三维细胞培养孔板

　　鄢晓君博士通过大量的实验和研析得知：由二维系统筛选出来的药物效果，与由三维筛选出来的，在体内对应的准确率上有实质性的差别。"通过这样的检测，来证明三维的效率是更高更精准的。"这也是鄢博士团队一直在认真探索并将成果付诸行动的意义所在：他们所建立的三维病理模型，特别是针对肿瘤模型的很多研究，更能模拟和预测体内效果。也就是说，完全可以通过这个模型，来有效地筛选药物，并用它来测试这个药物是有作用的还是无用的。

在后续的实验中，鄢晓君表示，他们并不回避要在动物身上进行试验的事实。"所有的试验，都要经历第一关的检测，这就意味着只能选择在动物体内去进行首轮尝试。而不具备高精准度的二维试验数据，会让更多用于药物尝试的动物，成为无辜又无效的牺牲品。"

所以，鄢晓君和她的团队，希望三维试验能在二维与动物之间架起一个减少损失提升精准的桥梁。"如果经三维筛选能够降低假阳性，哪怕筛掉 50%，也是一个重大的好消息。甚至可以这样说，是对这些用来做试验的动物，当前所能提供的一种真实有效的保护。"

仿佛，天空中打开了一扇窗。

所有的疑惑，突然就解开了。

这有关"为什么要研究"的问题迎刃而解，就自然地切入了"结果会是什么"这一问题？

"结果是什么？"

药物研发的问题解决了以后，鄢晓君与她的团队们，希望把它应用到哪里呢？晓君博士的创业理念由此而生。

只有简简单单的四个字：精准医疗。

为什么要用到精准医疗上？尤其是在癌症领域的精准医疗上。

因为，一提到癌症的精准医疗，首先会想到的最先进的方法，就是代价高昂的基因测序。据统计,在美国,能够运用基因去做精准医疗的,目前所能受益的病患只有6%。

而那94%的病患会怎么办?

大多数的办法是:因为病人身上有肿瘤,用做手术的办法把肿瘤切掉,切掉以后再做化疗。这时,新的问题又接踵而来。

用哪种药?

比如说,肺癌有5种药物组合可以去试验,但到底是哪种药可以针对特定的病人,却要让医生作出直接的判断。而绝大多数的医生纠结于,到底凭什么来进行精准判断呢?

现实的情况是:医生本人,也并不知道哪种药物是切实有效,甚至是对症的。在临床上,无奈的医生,只能采取试一试的办法,选中一种他自认为有可能合适的药物,让那病人去当这个众所周知的"小白鼠"。但试药,往往并没有什么明显的进展。

没有进展,就是"竹篮打水一场空"。再次表示无奈的医生,面对一心求医想让生命延续的病人和家属,再换一种药是必然的结果。就这样,一个药一个药地试下去。用"盲人摸象"来形容这份无奈,也是真切和辛酸的。

而鄢博士的做法是:在病人用药之前,利用开刀之际,在病人的肿瘤组织中提取细胞,在更能代表病人体内真实反映的三维系统中给这个病人去筛选药物。

鄢博士的团队将筛选后形成的分析报告,直接提供给临床医生。相比于把人的肿瘤移植到小鼠体内(PDX)检测药效的做法,利用三维病理模型,则更加迅捷划算。

对于医生,他就可以拿出一些科学的依据,来证明他为什么选这个药物而不是另一种;而对于病人,他们既可以防止因盲目试药而错过最佳的治疗时机,又能降低经济负担。

"每个人的生命,只有唯一的一次。"正是因为这些科学试验已取得的成功,鄢晓君才看到了它真正贡献给社会的重要价值所在。鄢博士要创业、要研发的决心更为坚定,心如磐石。

于是,正在打磨的针对精准医疗的三维模型,她试图把它做得

2016 年鄢晓君团队参加清华校长杯，闯入十强决赛，获得"挑战奖"

更像一个产品，而不仅仅是一个来自于实验室的东西。

她更愿意，它能走入市场，走进千家万户。

"我是一个执着的人"

2012 年来清华大学攻读博士的国际学生鄢晓君，边回忆着这段"求学—科研—创业"的道路，边笑着对采访者讲："我是一个执着的人。"

鄢晓君主持校园活动

正是因为执着,她会瞒着父母,先斩后奏地申请进入清华大学求学。2015 年 10 月,来清华读博后一直与家里冷战的鄢晓君看到了爸爸给她打的电话,一个都没接,那时她正在紧张地准备着一次创业比赛。直到下午,鄢晓君才从妹妹那里得知,爸爸在清华门口等了她一天。

"当时我特别特别的难过,收到消息以后就立即给爸爸打电话,到了酒店看到他的一瞬间,我当场落泪了。突然发现,在我心里一直以强者无敌的形象出现的爸爸,头上多了很多白发,看起来也一下子苍老了很多。"如今想起那一幕,如朱自清笔下的《背影》,如龙应台笔下的《目送》,鄢晓君依然眼角泛泪。

尽管自责难过,但她依然执着地劝服了父母,让自己从事热爱的事业。"我不会放弃清华与爸爸一同回新加坡过安逸的日子的。"

正是因为执着,她曾经在实验室里从早上六点多待到凌晨。研发遇到瓶颈,她一定会想方设法地解决。

"当时有个东西,怎么做都做不出来。凌晨回到宿舍,一边哭一边就有一个想法冒出来,我是不是可以那样试试?"当她第二天一早冲进实验室再次尝试时,果然苦心不负。"我一直能记得那一瞬间带给我的无比强大的冲击感。这让我明白,研究,就应该是这样的。"类似的话语,多次从晓君学姐的嘴里说出来。在简素直白中,却让人心生敬意。

正是因为执着,她分外珍惜她的团队和成果,希望创业之路能走得更远。

在她看来,有一个好的合作伙伴是非常幸运的。所有的一切,不一定在于每件事情都那么的契合,都那么的有默契。学会妥协才是最大的王道。

2015 年鄢晓君创立了自己的团队,而如今的团队,是与同学的另外一个项目结合成为一个主体去共同操作的。鄢晓君说,"既然大家都在从事相同核心技术的一个东西,就得把所有的精力投入在一个地方,去拧成一股绳。所以,甚至连 CEO 这个职务,我也果断让出了。"

在她看来，看一个团队有多强，不仅仅是看第一有多么强。"作为第一的人，在一般情况下，都会是一个强者。但当第二、第三都很强的情况下，你才会真正明白，他们不去自立门户的原因是团队中的第一肯定是更强的，这才是真正的强者之师。"

2016 年实验室春游留念

谈到以后，总是会说到愿景和发展，这两个并生的话题。

在鄢晓君博士的眼里，她未来的创业目标，绝非遥不可及。

第一个五年或者第一个十年，她希望：他们研发的有关三维培养的成果，可以普及到全国。"作为中国自有知识产权的一项技术，提供一个具有国际竞争力的工具或者产品，给国内从事三维培养细胞的研究者提供一个选择，从而去辅助大家在生命科学领域，真正地实现更为前沿的研究，而不是单纯地依赖国外的技术。"

厉害了，我们的女博士。

因为，到了实现梦想的那一天，我们也有一个共同的希望，就是要告诉所有的人，你的名字叫——

鄢晓君。

2018 年清华登山队：
拥抱雪山，挑战自我

文　李凌杉

　　2018 年，清华登山队出征青海玉珠峰。在这之前，他们经历了漫长严苛的暑训，经历了严格的选拔淘汰，最终 9 人成为正式的队员。

　　而在登山队员的眼中，他们每一次对雪山的攀登，并非是挑战与征服，而是怀着对山与自然的敬畏，感谢雪山接纳他们，使他们得以在极限环境中对自我产生全新的思考和认知。

　　前站出发的前一天，队员乐慧坦言，自己的心态好像已经沉淀了，变得非常平和。她仔细地打包自己的包裹，检查有没有遗漏的必需品。"但是，还是有点慌的，还是怕自己会有严重的高原反应。"

2018 清华登山队出发前合影

登山队的老队员们给新队员们送来了亲手编的手链做护身符，给他们每个人戴上，寄托着平安和顺遂的美好祝福。

登山从不是冒险

青海玉珠峰，是昆仑山脉东段最高峰，海拔 6 178 米。"万山之祖"之称的昆仑山，顶部常年被冰雪覆盖，其峻美风景和悠远的神话传说，吸引着无数心生向往的人。

而真正接近雪山，面临的考验则非常人所能经受。高海拔雪线以上，人们将面临高原反应的考验，体力会明显打折；除了需要在漫长的雪坡上跋涉，还要在陡峭的冰壁上攀登。地理条件之外，还有不可测的天气条件制约，行进常常伴随暴风雪的洗礼。

清华登山队在每年建队以前，都会有漫长的集训期，进行严格的筛选和强化训练，以保证队员们有足够的体能储备和技术技巧，来面对雪山上可能到来的困难，以及对不可测的突发状况进行理性判断。

山野协会训练中

山野协会 2018 年夏季综合集训的时间是 4 月 16 日到 5 月 13 日，后续登山集训的时间从 5 月 14 日持续到了 6 月 10 日，由登山队负责的攀登队队长崔敬杰(化学工程系 2010 级研究生)带队训练。

起初,有 83 人提交了报名表,综训达标的有 38 人,提交登山报名表的有 24 个人,最终确定 13 名预备队员。后续的进一步考核中,队史考核淘汰一名,男生登山线没过淘汰一名,家里不同意淘汰一名,所有考核都过了,因女生名额有限落选一名。最终确定正式队员 9 名,组成清华大学 2018 年夏季登山队。

强悍的实力和充沛的经验是保证安全的最大要素。而为了使普通同学达到登山的要求,山野的集训用"魔鬼训练"来形容也毫不为过。

山野协会集训的动作记录,俯身虫爬被乐慧形容为最搞笑,也是难度最大的动作

跑步 8 公里 10 公里是常事,综合训练前有 20 分钟左右的热身。而在登山队队长杨佳然(自动化系 2014 级本科生)的印象中,仅仅是热身阶段,大家就已经筋疲力尽:"热身完就都不行了,然后这个时候,带训练的队长就说,我们的第一阶段热身到这里,我们开始正式训练一个小时。练完以后,哪哪都疼。"

除了日常的体能之外,负重爬楼也是山野常见科目。训练在紫荆 15 号楼进行,持续 5 周,负重量男 17.5kg 女 12.5kg 起,每周加量 2.5kg,连续爬升 15 层楼,坐电梯回到一楼,共 20 趟,用于提升登山时的负重能力。

在周末,协会会组织拉练和野营,学习支帐篷、野外做饭等技能。也有野外攀爬的活动,在这个过程中,因为岩壁陡峭,双腿磕青再常见不过。

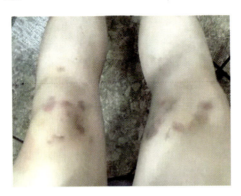

队员磕青的腿

　　凡此种种,都是为了保证队员们成为"强者",能够有足够的能力做到保全自己,也让整个团队足够强大。

　　身材瘦小的女队员乐慧(建筑学院 2017 级研究生)被队长杨佳然称为"最拼的人",在训练最辛苦的时候,她脑子里想的是,"我一定要坚持下来,我不能到了山上以后去拖累队友"。

　　在杨佳然看来,登山绝不是冒险,"它是一项庞大的系统工程,从集训开始,到筹备,到登山,到返回总结,是一个长线的项目,它有前期中期以及后期善后的整个过程,只不过是一群人临时组成了这样一个团队,为了共同的目标努力"。

　　作为前任登山队队长,杨佳然对登山有着自己的思考:"登山是一项非常理性,且有安全保障的事情,目的是把人带到极限的环境中去体验,而最终的目标一定是安全回来。大家青春热血有激情,但是更是在理智冷静地面对未知的风险、未知的天气、未知的山,尽量把准备都做好,去应对这些未知。"

　　同时,5 月 14 日开始,入选登山队预备队员开始进入登山集训周期,开始实行宵禁和酒禁,晚上 12 点之前必须睡觉,因为熬夜会影响身体状态和体能。

　　训练量每周都在增加,除每周递增的训练量以外,增加了攀岩训练,周一到周五每天早上六点到九、十点钟,在东操小岩壁练习。

登山队在地铁

山野协会攀岩训练

　　参训的成员,也在这个过程中渐渐地从自己口中的"菜鸡"成长了起来。队长杨佳然感到了自己体能的提升:"加入山野的本意,是听说这个组织很棒,只是想来参加一下训练,一开始跑五公里就觉得很累了,后来觉得八公里、十公里都不是事儿。"

　　除了队员本身,队伍的后勤保障部门,即山野协会的"理事会",也在各个方面进行着资料的收集与路线的规划。这之前,他们曾考虑去攀登有更多冰壁的日果冷觉峰，但因当地近期气候条件较差而作罢。

"理事会"由山野协会中有登山经验的老成员以及现任协会骨干构成。理事会成员们会及时搜集与山峰相关的资料，当他们通过看新闻发现当地有雪崩等不利条件时，就会慎重地改变原有计划，会议常常一开就是几个小时。

"我们做好了在现有条件下最充分的准备，证明这不是一件一拍脑袋冲动决定的事情。我们也会用这些来理性地说服那些担心我们的人，比如我们的父母。"领队崔敬杰和队长杨佳然都如此讲道。

"人在雪山上展现的是最真实的自己"

登山队中，队员加入山野的初衷各有不同。

2018年夏季的九人队中，领队崔敬杰是有过多次雪山攀登经历的老队员，队长杨佳然有过一次冬季攀冰的经历，其余队员都是头一次近距离接触雪山，面对巍峨高山，他们都还是"萌新"。

乐慧从未登过雪山，她在参与协会训练伊始，只是觉得自己体能不好，想要强身健体，没想到"训练着就上了瘾"，就想要挑战自我，做一些从未做过的事情。

而只有亲密接触过雪山的人，才能深切地体会它的魅力与残酷。

在接触登山之前，崔敬杰参加过长跑、自行车等多种运动项目，她2011年跟随山野协会训练，第二年就加入了登山队。谈到初次登山的经历，她回忆那是一种返璞归真的情感："那时候是喜欢这个团队，和他们相处起来更加自然和真诚，没有其他纠葛，有和小时候的小伙伴一起玩的感觉，还能一起成长。"

初次登山，她没有分配体力的经验，过了雪线后，产生了严重的高原反应。她在体力透支的情况下，吃不下东西，水也喝不下去，自己摔倒了，都不知道是什么时候爬起来的。

"那个时候大脑一片空白，非常累，没时间想别的，稍微有点空间，想的就是怎么能多走一步，怎么能回到大本营，怎么能回家。一开始想了很多的感言，但是到了上面就没有那么多想法，专心在走，终于走到了最高点，也顺利回到了大本营。"

登山队叠罗汉（罗汉顶为崔敬杰）

再后来，她一次次登上了雪山，成为清华登山队的队长，毕业之后前往西藏工作生活两年半，更加适应了高原生活以后，她从未停止靠近雪山。"你可能是以一种自己都意想不到的状态和自己相处。在山下很靠谱的人，到了雪线以上，有可能变成了不关注其他人的人。在山上，人与人的关系变得更加真实，没有办法去隐藏，没法回到平时做的那个特别完美的自己。"

如今她辞职回来带着山野协会训练，在那些"萌新"身上，她仿佛看到了当年的自己，"我会尽量教他们去分配体能，不过我犯过的错，很多在他们身上都会再看到。所以登山需要经验。强大是一回事，熟练是另外一回事。应用是每一次学习的重点，我登过五六座山了，但是面临新的山我依然会有新的东西要学，面对不同的环境，所应用的技术种类，和做出的抉择，也都不一样。"

而杨佳然对于登山的渴望，则源自于一种心灵释放的需求。在完成研究生推免的过程后，杨佳然加入了许多协会，去寻找一些从没接触过,让自己觉得有趣的、新鲜的事物,而山野协会让他觉得达到了目的。"冬天第一次登山是和几个人约着去的。那时候我心里压了很多事情,关于学业,关于生活;在山上,我觉得可以让自己变得简单,周围只有自己,可以静下心来去想很多事情,同时释放很多压力。"

在冬攀登顶时,杨佳然显得很平静,"登山的时候很激动,但是到了顶上反而觉得还好,我们运气太好,一路都还算顺利,这是大自然的馈赠。只是想着要带一面国旗在顶峰合照,将国旗带往祖国各地是我在国旗仪仗队时许下的愿望,这次去玉珠峰我还会继续带上它。"

但攀登不意味着总能顺利登顶。

2014年,崔敬杰作为队长,带队攀登雀儿山,B组冲顶的一天,突然起了暴风雪,面前有60多度的100米冰坡,需要用到很多攀登的技术,"下着雪,很冷,天气太严酷,有一个女生体力已经透支了,整个人崩溃了,操作能力也变得比较差,大家就互相鼓励,在凌晨四点多我们爬上了冰坡,雪却越来越大,所以最终的决定是下撤,B组没有登顶。"

崔敬杰在雪山上

但是他们并没有太多的遗憾,"体验了极限的环境,突破了自己的极限，这整个过程，是自己的一次修炼，与是否最终登顶无关。我们只是做出了当时最科学、最理性的选择，一旦决定，就再没有退路。"

登山队这一群体人人都有自己的故事和向往。在崔敬杰看来，那些有故事的人才会了解登山这件事情，才会想要去挑战自我。"山野为什么会进入你的视野，登山为什么会成为你的向往，你为什么愿意为了接近雪山，去经历那么严苛的训练？"

这大概是每个登山队员都问过自己内心的问题。在雪山上，他们终能给自己一个圆满的回答。

登山队是一个家

九个人的微信群叫做"2018年玖菜登山队"，他们戏称自己为九个"菜鸟"。

除了这九个人以外，还有往日一起训练的同学、前些年的队员，平日里，他们都是最好的伙伴，几乎天天都在一起训练、聊天、吃饭。他们拥有统一的队服，背后印着专属的名字，食堂、西操、小岩壁，时常有这群人的身影。而周末的野营活动，更是让这群认识甚至不到三个月的小伙伴成为彼此的家人。

登山队活动时合影

杨佳然因为有过冬季攀登的经验而被任命为新队长，然而在他看来，队里比自己强的人到处都是。"我第一次出去，和我的队长，加两个体能超强的退伍兵一起爬山，里面有我的队友马从洋，我就被他们带着累到崩溃了。"

队花张锦文，是队内公认的"颜值最高峰"，爱称"二兔"，她是各种运动均为全能的女生，同时也是将每一次的活动以推送的形式记录在"清华山野"公众号的人，语言生动俏皮，让读者能够深切感受到这个群体的活力和深厚情感。

山野协会一年一度的例行活动是"吃瓜大赛"，西瓜由协会其他同学"捐助"，队员们在东操小岩壁旁边，把西瓜切成圈，进行毫不顾及形象的比赛。张锦文在推送里这样描述道："深呼吸，想象自己是一台榨汁机，飞速转动头部，并将瓜用力按向自己的脸。"

而翁楚彬则是大家眼中恐怖的存在，"她第一次准备会的时候，说来协会训练是来养生的，我们当时就一惊，我的天呐。实际上，在我们登山的过程中，我们都用两根杖，走得哼哧哼哧，只有她，双手插兜，优哉游哉，闲庭信步地往前走。据说她去高原徒步，更加生猛，走雪坡也是双手插兜稳稳地走。"

登山队穿着队服合影

队员谢昌益被人称为"大腿"，是队内公认的开心果，让团队氛围非常好，"他情商真的很高"。队员陈日晋在杨佳然眼中则是"大暖男"，会给大家传授"帮女生拍照的正确姿势"。除了领队崔敬杰以外，队员禹思坤是活动经历最为丰富的人，对攀岩的热情也很高，是在队员"磕线"过程中给予最多指导的人。

即使在考试周"磕线"的过程也没有停止，登山出发日期临近的日子，每天早上六点，登山队成员也会聚集在东操的小岩壁，进行挂绳攀登训练。

小岩壁攀岩训练

一名队员熟练地从小屋中拿出安全带穿好，抹上镁粉防滑，将绳索系在安全带上，与保护员相互检查后，在岩壁上挑战自己能力外更高难度的攀爬线路，而旁边几名队员则给予指导，"踩左边的那个""跳一下手去摸上面那个"的声音此起彼伏。

在攀爬岩壁的队员面对难度较大的岩壁束手无策，脱力放弃以后，身上挂着绳索，在半空中来回摇晃，"这样一点也不累，反而还很舒服。"

"我们每天早上就在这里，然后如果有往届的队员、山野协会的朋友,从东操旁边骑车经过,看到我们在这里,也会过来跟我们聊聊天,有的时候还会带好多份早餐来。"乐慧如此说道。

她指向岩壁上正在向一个很高的支点跳跃的队友马从洋,语气既崇拜又羡慕,"他当过兵回来,体力特别好,攀岩壁做得也特别好,很羡慕,要学习。"

现在,登山队员已经出发。

学校里,一直有山野协会的老队员留守,负责与队伍通信联络。

在漫长艰苦的准备后,他们终于携手向着雪山前进。

他们是否能顺利登顶呢?他们在雪山上又将发生怎样动人的故事?

后续内容,"清华山野"公众号将全程记录。

王宇：遇到障碍，挑战它，征服它

文　张佳伟

● 王宇　清华大学社科学院 2015 级硕士研究生

在 2018 年 8 月 27 日晚结束的雅加达亚运会男子跳高决赛中，中国选手王宇以 2 米 30 的成绩夺冠，为中国代表团再添一枚金牌。而夺冠后王宇张开双臂的潇洒气质，也为他赢得了不少新粉丝。

身高 1 米 90，外形俊朗的王宇，早就被不少粉丝冠以"跳高吴彦祖"的称号，而许多人不了解的是，这位优秀的运动员，同样也是一名清华大学毕业生。2018 年 7 月，他刚刚从清华大学社科学院毕业，获得了硕士学位。

2018 年 5 月 27 日，美国尤金，国际田联钻石联赛如火如荼地进行，男子跳高项目迎来了决赛。中国选手王宇在热身，比赛开始，一个漂亮的、有节奏的弧线助跑，接近杆时，立刻左腿起跳，侧身倒肩，躬腰，收腿，最后一个完美的落地——

2 米 32！

凭借此成绩，王宇获得国际田联钻石联赛尤金站男子跳高季军。

作为即将毕业前往国家体育总局从事田径项目相关工作的清华大学社科学院体育学方向研究生，他的成绩还远不止如此：2013 年北京鸟巢国际田径精英挑战赛，男子跳高项目冠军，并创造 2.33 米的室外个人最好成绩；2018 年在斯洛伐克的国际室内跳高赛，以 2 米 31 的成绩摘得冠军，刷新了自己的室内个人最好成绩……

同时，王宇因为帅气的外形和腼腆的性格，也获得了清华"跳高吴彦祖"的美称，参加《来吧冠军2》的经历更是让他圈粉无数。

在王宇眼中，长期从事跳高这项运动，让他更加理解体育精神。"对于跳高而言，是把障碍一次又一次地放在你面前，随着跳杆高度的上升，难度系数也会越大，然后就需要挑战它，征服它。人生，也是这样。"

王宇在斯洛伐克班斯卡-比斯特里察进行跳高单项赛

"中途放弃，是一件非常可耻的事情"

王宇的父母都是中长跑运动员，受家庭氛围的影响，王宇也经常被父母带去做一些体育活动，包括篮球、羽毛球、网球等，来培养他的兴趣。但是对于这些运动，王宇也是只停留在"掌握"的程度上。

因为如果要想真正走到竞技层面，天赋，是非常重要的因素。

最后，王宇选择了跳高。"我觉得跳高项目一开始对我来说很有趣味性。父母在田径场里面，很多人也在那看着，问我说能不能过这个杆，那时候年龄小，也不懂，想着就试试呗。"

"跳不过去觉得很懊恼，但是又特别想过，有点强迫心理，觉得还挺有意思。"

2006年，王宇开始踏上了他的竞技之路。在初三校运会上取得跳高冠军后,王宇的父母带他来到北京,到清华附中的马约翰特长班(简称马班)进行较为专业的训练和学习。

从家乡广东珠海跨越千里来到遥远、陌生的北京,对于当时 15 岁的少年来说多少会有一些恐惧。"因为对于未知事情进行挑战,成本是很高的,不知道以后会遇到什么样的情况,可能会获得成功,也可能会一事无成。"

王宇比赛后

面对陌生的环境,王宇的脑海中只有一个想法,那就是留下来。在他看来,既然父母把他送到北京来,如果一事无成回去,会很丢人。

"对于一个体育运动的家庭而言的话,不战而逃,胆怯,或者是中途放弃,是一件非常可耻的事情。这么多年来,不论学习也好,训练也好,这都是支持自己前进和继续努力的动力。"

"王宇是一个一旦定下目标就会朝着目标执着追求的人,尤其在他热爱的跳高项目上。"王宇的朋友这样描述他。

幸运的是,像千里马遇到伯乐一样,王宇也遇见了一直陪伴并栽培自己的王嘉陵教练。"我刚来的时候,其实教练看不出我以后到底能成长到什么程度,但他还是在力所能及的范围内去帮我。"

王嘉陵教练并不像大多数体育教练一样只负责竞技训练,他还事无巨细,对王宇的生活和学习也很关心,成绩并不是一切,他更加希望王宇成为一个优秀的人。"因为那时候还比较小,又来到北京,没有家人去管,教练等于是我父母的角色。"

进入高中之后,王宇的生活方式发生了很大的变化。马班有很多特长生,每个人的运动项目也不一样,但是其中的学生都是全国各地招来的"好苗子",采用比较特殊的模式进行训练。那时马班有一个口号:"没有特殊的权利,只有特殊的义务。"

马班给学生提供平台和资源,而相应的,学生则必须提供成绩,包括学习成绩和体育成绩,一定要两者兼顾的优秀。为了留在马约翰班就读,王宇当年也克服了严格的军事化管理。头发的长度,每天早上宿舍的整洁程度,都有标准。马班的要求很严苛,每人每年有 20 分,如果做的一些事情没有达到标准,就要扣分,扣到一定的分数,就必须得离开学校。

面对苛刻的条件和艰苦的训练,王宇都咬紧牙关坚持了下去。每天在规定的时间起床,严格控制饮食,提高弹跳能力,加快助跑速度,规范跃杆动作。王宇身上的衣服每一天都会被汗水打湿。

经过系统和专业的训练,王宇的跳高水平得到了非常大的提升,并且开始崭露头角,在 2008 年泛太平洋中学生运动会中获得男子跳高冠军,2009 年连续摘得第十届和第十一届中学生田径运动会男子跳高桂冠。

王宇在第十二届全国运动会上获得男子跳高冠军

2010 年 3 月，王宇获得清华大学体育特长生保送资格，成为准清华大学生。但他还是坚持去参加了高考，并最终考入了清华大学经管学院。

"得之我幸，失之我命"

进入大学之后，王宇在跳高事业上更是一路高歌。不仅担任过第二十六届世界大学生运动会中国代表团开幕式旗手，也将全国青年田径锦标赛冠军收入囊中。

2013 年对于王宇来说是不平凡的一年，被称为他的"爆发年"。在这一年，他不仅创造了个人最好成绩 2.33 米，在各种比赛中更是锐不可当。

"因为当时比较年轻，身体状态非常好。虽然没有说特别去强求达到什么样的高度，但是运动成绩就会自动往上长，那会儿真的是年轻无敌的感觉，初生牛犊不怕虎。"说完，王宇喝了一口手中的红茶，露出小臂完美的肌肉弧线。

王宇在斯洛伐克班斯卡-比斯特里察举行的跳高单项赛中战胜世界跳高名将巴尔西姆获得冠军

从此冠军的称号越来越多：2014 年全国田径大奖赛总决赛冠

军;2015年全国田径锦标赛男子跳高项目冠军;2015年北京鸟巢国际田联挑战赛以2.31米的成绩获得男子跳高项目亚军,并在该比赛中达到奥运会标准。

但是就像所有的运动员一样,获得荣誉的同时,伤病也不可避免。"膝盖、腰、脖子,几乎能伤的地方都伤过,现在身上还有伤,包括肌腱撕裂,膝盖也有劳损,腰底也有一些伤。"

王宇受的最严重的一次伤是在2016年参加里约奥运会前,也因此直接无缘晋级奥运会。

"2016年奥运会比赛之前,跑步时速度太快,导致后群股二头肌长头拉伤。这对于我来说是很不可饶恕的错误,那时也非常痛苦。因为我去奥运会比赛的时候教练是没有跟队的,自己一个人去,又遇到伤病,不知道该怎么去处理。伤病对我而言影响还是非常大的,无论是从身体还是心理。"

这种感觉就好像马上就要登上峰顶,享受荣誉,却因为脚底一滑跌入谷底。再多的安慰都填补不了这种悔恨,四年才有一次的奥运会机会难得,比赛也不可能重来。

"经历这件事情肯定很懊恼。因为对于一个运动员而言,更别说对于学生运动员,奥运会都是终极的舞台,是你这一辈子参加过最高级别的一项赛事。"

2017年伦敦世界田径锦标赛,王宇在赛中

"但伤病这种东西不会跟着你的意识而转移。如果身体超出一定的负荷，或者后勤保障和放松不到位，受伤就是避免不了的。"

经历了里约奥运会的挫折之后，王宇总结的最重要的经验就是"不能再伤了"。无论是在训练还是在比赛，他都时刻对自己的身体小心翼翼。

"我现在需要去做的事情，就是踏踏实实地把这两年先度过，争取向下一次奥运会发起冲击，我觉得这才是应该有的一个心态的转变。只能说得之我幸，失之我命。"王宇的声音低沉，但是听起来却让人感觉浑厚有力。

正所谓"玉经磨琢多成器，剑拔沉埋更倚天"，2016年奥运会的遗憾并没有阻挡住王宇前进的脚步，反而被当作一种财富，激励王宇成为一个更好的自己。也正像他说的那样，他的成绩就是他继续坚持、不退缩的最好证明：

2017年，王宇在全运会男子跳高决赛中卫冕；2018年，在斯洛伐克的国际室内跳高赛上，王宇摘得冠军，刷新了自己的个人最好成绩，全国室内田径锦标赛男子跳高决赛中，王宇获得冠军，国际田联世界挑战赛系列的大阪黄金大奖赛，王宇获得男子跳高亚军……

2017年9月，时隔四年，王宇在第十三届全运会蝉联男子跳高项目冠军，左侧为王嘉陵教练

学习不是压力而是调节剂

"你会怎么来描述你自己？"

"喜欢学习，喜欢思考。"王宇用右手摸了摸下巴，缓缓说道。

采访时，王宇戴着一副黑色眼镜，笑起来文雅，像邻家的大哥哥。如果在校园里走一遭，大家也许都会认为这是清华里成绩优异的帅气学霸中的一个，但想不到他还有国家队运动员的身份。

高中时期，王宇并非都在马班，他在高二时就从马班转到了理科班。因为对于学习的要求，马班会比较松懈一些。"我自己对学习的要求要更高一些，所以高二开始跟清华附中其他的学生在一个班里面，而且我在的那个班还是比较好的班。"

虽然转到了理科班，但是王宇的体育训练仍然跟随马班，这就意味着王宇需要花费更多的时间和精力来学习文化知识。

2017 年蝉联全国冠军后王宇等待采访

对于王宇来说，学习并不是一种压力或者负担，而是心灵的调试剂，帮助自己舒缓减压。"比如我马上就要进行一项比赛，身体如果练得特别辛苦，晚上会睡不着觉，累到根本睡不着，浑身都疼，然后我会起来看会儿书,会对神经兴奋进行一点抑制。包括比完赛之后,身体很亢奋,学习也会把这种情绪慢慢压低,让自己变得冷静。"

学习也可以帮助王宇缓解压力。"没有人的体育之路是一帆风顺的,我不仅仅把自己当作一个职业运动员去看待,还把自己当成一名学生。如果在体育上遇到低谷,但是我还可以学习,这样自己的压力就不会太大。"

在体育训练方面,王宇也一直抱着学习的态度。"为什么这两年成绩那么稳定,因为我接受了一些国外训练的思想。自己原有的训练理念,再加上一些合理的训练安排,就会有不错的效果。"

"运动员需要认可"

2009 年,王宇因夺得两届中运会冠军而被《天天向上》邀请参加了一期节目,因为帅气的外形得到了众多观众的喜爱,被粉丝称为"跳高吴彦祖"。

2017 年,王宇一身红色国家队运动衣参加《来吧冠军(第二季)》更是引发场下观众的阵阵欢呼。

在王宇比赛的时候,也会有粉丝在场上为他加油助威。

但是在王宇看来,成为所谓的"体育明星",并没有给自己的生活带来什么影响和变化。"可能你某一方面很优秀,比如体育成绩特别好,别人也会逐渐发现你其他方面的闪光点。"

王宇也希望自己的粉丝能够因为某一个运动员而喜欢上这个项目。"如果能够因为我而喜欢上跳高,喜欢上田径,那就再好不过了"。

王宇坦言自己综艺感不是很强,不是特别爱在观众前表现自己。"其他人的话可能综艺感比较好一点,他们可以去逗乐观众,但我可能来不了那些东西"。

这些年,一些体育明星渐渐地进入大众的视线,被人们所熟知。王宇认为所有运动员都应该得到一定的关注。"许多运动员的付出跟他们的回报是不成正比的,如果媒体或是社会,对他们的关注度不够的话,对他们来说是有些挫败的。"

"运动员最清楚运动员需要什么东西,他们其实就是需要认可而已,需要一些人去支持他。因为越多人去支持他,去拼的动力就会越强一点。如果反过来,大家只知道第一名,不知道第二名、第三名、第四名、第五名,运动员其实会很痛苦。"

王宇(左二)参加《来吧 冠军(第二季)》

"对我来说,跳高给我带来的特质是不畏艰难险阻,不要去害怕障碍,不要去在乎输赢。比赛肯定会有名次,第一只有一个,关键是要用平常心来看待名次,不是说一定要拿第一才是最好,当然拿第一肯定是最棒的。无论拿第二还是第三,只要去努力,去付出了,我觉得就够了。"

王宇是运动员,赛场上挥洒无尽的激情和斗志,不断迎接和征服跳高场上的挑战。体育精神在他身上得到了淋漓尽致的体现。

而同时,王宇也是一个"温润如玉"的清华毕业生,他对人温柔,有点腼腆,有些执着,并享受着现在他达到的目标中的生活。

徐晨：创业这件事，从一份大作业开始

文 土心怡

- **徐晨** 清华电子系 2016 级硕士研究生

    深夜是一个适合静思远虑的时刻。当白天纷繁的事渐渐沉静下来，夜晚就成为徐晨鼓点密集的一天中绵长的余响。为了及时处理一天下来积累的公司事务，徐晨习惯性地选择压缩自己的睡眠时间。

    忙碌是徐晨生活的常态。在刚刚过去的 2018 年 10 月里，她先去浙江参加了第三届"中国创翼"创业创新大赛浙江赛区省级选拔赛，随后赴郑州参加了决赛；接着，参加香港电梯演讲大赛，顺道去深圳一模具厂接洽业务。回北京稍作休整，她代表清华大学参加 2018 年"创青春"浙大双创杯全国大学生创业大赛国际名校邀请赛；返回学校没几天，她又动身去杭州，参加 2018 年"创青春"全国大学生创业大赛。赛事结束后，她又马不停蹄地筹备起中国国际社会公共安全产品博览会，抽空还拜见了门锁厂商。"由北京去外地，从外地回北京，一直在路上奔波！"参加竞赛，会见客商，她忙得不亦乐乎。

    辛劳的背后，留下的是一串串坚实的足迹。徐晨先后获得首届"iGlobal"中澳创新创业大赛一等奖、2017 年清华大学"昆山杯"创业大赛金奖、2018 年"创青春"首都大学生创业大赛金奖、台北"扎根杯创业大赛"首奖、2018 年"创青春"全国大学生创业大赛金奖等殊荣。

    作为清华 2016 级电子系在读硕士生，"静芯科技"CEO，她和

徐晨参加比赛

大多同龄人相比，的确显得有些不一样。

原点："国创作业"

静脉识别技术的灵感，是徐晨从浙大带到清华的。本科期间，以《高安全的指静脉识别系统》为题，徐晨与几位同学参加了全国大学生国家创新训练项目。"静脉识别技术研究源自本科时的'国创'，2014年我和同学参加了大学生国家创新训练项目，由此涉猎了生物识别技术领域的研究探索。"徐晨坦言，当时纯粹是将此当作一份"大作业"来做，还真没敢往产业化、市场化那方面去想。

兴趣是课题研究的动力源泉。"你将自己的手指放在采集窗，就会发现每个指头都有其独特的静脉图样，千姿百态、独一无二的特征，获取静脉图像可以进行身份的匹配认证。"进入清华后，她就是凭着这般兴致，继续专注于生物识别技术研究，优化指静脉识别算法，改良光路电路设计，提升硬件人机体验及软件交互系统，着力研发掌静脉识别技术，开发人脸识别、声纹识别等技术应用。

精准是生物识别技术的本质要求。"指静脉的误识率降低至千万分之一，掌静脉可以实现完全非接触式的识别，人脸静脉让活体识别的安全性助力于人脸识别技术。"

作为生物识别技术领域的"新秀",徐晨带领她的团队瞄准技术前沿,盯住市场需求,通过多年研发积累,掌握指静脉、掌静脉等生物识别核心技术,拥有多项实用新型知识产权,可提供安全可靠的、多层级的生物识别技术解决方案。

启程: 创办实体

机遇总是青睐有准备的人。在清华读研期间,一次机缘巧合,恰逢一位清华学长听到徐晨介绍自己的研发技术和产品时,对此特别感兴趣,并介绍给她在监狱司法系统的朋友。经过测试,他们发现静芯产品的性能比市面上现有的产品更好。即便当时静芯还没有成型的产品,那位学长朋友还是当即表示愿意与徐晨开展合作。

205

面对这份"订单",徐晨打电话征询了本科一起做项目的同学陶志刚的意见:"哥们,想不想创业?"陶志刚那头说,"给我一天时间考虑一下。"一天之后,陶志刚回了话:"行,我们做吧。"

就这样,在本科期间并肩科研的情谊得以继续,一个由 8 人组成的核心研发团队逐步建立。随之,2017 年 9 月,他们在浙江宁波注册了"静芯科技"。

团队是徐晨最为看重的一块。团队成员虽是多年同窗,但有意见分歧是经常的事。她说,"这说明大伙都在想事,都想干事,这是好事。工作中,我们经常讨论,也常常争论,没有对错,只有好与较好,就是在这样的争论中,我们在成长,企业在发展。"或许是出于时间馈赠的信任,成员在直抒胸臆的交流中,碰撞智慧,凝聚共识,形成合力。

他山之石,可以攻玉。借着 x-lab 项目去德国交流时,她看到服务内容围绕宝马公司的一些创业企业,专门给宝马做手套,工人通过手套的感应功能,可即刻了解各种元件分别归于哪一类,单只手套卖1 000欧元。"我们从来都没有想过手套能卖那么贵，但就因为提高了工业生产的效率，节约了人力成本，宝马仍然愿意采购。"从这类成功经营的实践案例中，她得到启发：在市场布局时不能"摊子铺得太开"，务必立足实际，脚踏实地，精细运作。

方位：服务社会

创业为了什么？

这一命题，不少人问过徐晨，她也常常扪心自问。

她认为，创业是学业的延伸和拓展，是用一种新方式去思考和完成学业，让所学知识和技能得以深化与应用。大学学习有别于中学，尤其是研究生阶段，对所学知识不仅要理解和掌握，更应认真消化吸收，并创造性地转化应用。在校生创业，她个人更愿意将其当成一种学习载体，看作是学业的一部分，或作为检验学业成绩的一把尺子。

徐晨路演现场

她说，在创新创业的大潮中，无论是作为一名清华人，还是一名从业者，她都为赶上这个好时代而感到高兴，时代提供了良多的机遇和智力支撑,她理应为社会做点事、尽好责。公司的发展定位,就是破解生物识别技术应用中的瓶颈问题,提供称心、放心的生物识别技术信息认证服务。正是基于这样的内生动力,校正了其创业创新的坐标方向,"服务社会,真正解决社会的需要而不是追赶潮流。"

静芯科技提供的相关技术方案及终端产品通过不同场景的应用检验,能有效解决指纹、声纹或人脸识别等易被复制、难证活体的应用痛点,得到了社会的诸多肯定与认可。其中,《基于人体特征的活体识别系统》项目,获"全国优秀创业创新项目"。可以期待,拥有核心技术的"静芯"生物识别技术综合解决方案,未来在监狱、金融、信息安全管理等高安全性领域将拥有广阔的应用前景,来服务于社会大众。

前行: 成长自己

怎么看待日立这样的竞争大块头? 徐晨坦言,压力不小,但却对这种竞争抱有很乐观的看法:"有一个这样的企业为我们去教育市场、教育公众什么是静脉识别,什么是安全便捷,未尝不是一件好事。"

"许多事情你要勇于面对,敢于尝试,越是艰难越是学习和提升的契机。"

走进清华,徐晨同学像海绵一样吮吸着清华园的融创养分,接受众多专业创业辅导,学习参观国内外优秀企业经营理念与管理经验,拓宽眼界视野,明晰努力方向。创业创新是被教育出来的吗? 徐晨认为不是,"没有实践,便不可能实现质的飞跃,更无成功可言"。

团队的第一份订单就是经清华校友介绍获得的,客户是一位掌握了全国 20% 的监狱安保市场的集成商。静芯由此切入了高安全性的监狱司法领域,这为其他看重生物识别技术安全性的客商提供了很好的背书。

如今,静芯产品从内蒙古到海南都有分布,在不同湿度、温度环境下均保持性能稳定。一方面有业绩支撑,一方面有奖项加持,"静芯科技团队"逐渐打响了名号。在"昆山杯"获得金奖后,昆山市领导主动为他们对接项目。

一路走来,徐晨和她的同伴们自信而又坚定,加速了成长步伐。对此,徐晨深有感触,"无论从思想认知、心理调适,还是自身定位、未来规划,都逐渐趋向清晰与理性,这可能是创业带给自己的最大收获。"

不过,徐晨清醒地认识到:现在的自己还很单"薄",难以"载物",但她却乐于将校训当作鞭策自己的动力。她由衷地感激清华对她个人及公司发展所给予的支持与帮助。"我们代表清华参加了很多比赛,这些竞赛交流为我们积攒了诸多资源,助力打造了企业品牌,清华的平台效应真的很大,校友力量更是强大。"

当有人问起徐晨,你觉得自己是个企业家还是个科学家?她不假思索地回答,"都不是,我就是一个学生。"

在徐晨看来,勇于尝试是了解自己、提升自身的一个重要途径。抓住机会尝试,如果感到辛苦、不适应,就会明白什么是自己力所不能及的;反之,如果觉得自己的选择是对的,就应坚定地走下去,朝着既定目标前行。"只有勇于尝试,你才能够把握未来的每一步。"

怕不怕失败?徐晨的目光扫着桌面,"创业嘛,肯定还是担心失败的,别的同学都忙着找工作,你在学着创业。但是,"徐晨微微一笑,"爸妈说,大胆地闯,(创业失败)大不了我们养你"。提到家人,徐晨的语气就多了些孩子气,全然不如谈市场、谋布局时的精明干练。

徐晨的父亲在机关上班,母亲供职于银行,这样的家庭背景,听起来传统而安稳。读研、发论文、求职或者读博……这似乎是徐晨本该走的路径。然而,徐晨却有自己的想法。在做科研这件事上,本科期间参报各种双创项目,到读研期间到处寻找产业合作,不同于外表的优雅柔弱，她的处事显得格外地"有闯劲"。

"你是一个女生，科研和创业都做得很厉害，身边的人或者你自己会不会觉得你是女强人？"

"自己刚刚涉足科研与创业，还处在起步阶段，许多方面需要学习和磨砺。至于讲创业上的男女差异性，其实我们工科不谈性别。相反，有人跟我说女性做企业更有优势，因为与客户沟通交流时会更有黏性，不易被拒绝。"

"女性企业家更有黏性"，这个说法，是徐晨与一些成功女企业家交谈中听到的。徐晨觉得，这些经验之谈有其一定的道理。"黏性"与耐心相近，做企业、谈合作，需要有"黏性"的品质，耐心而又韧性，不达目标不罢休，女性在这一点上往往优于男性。

公司成立之初，是徐晨比较焦虑的一段岁月。尽管前期做了一些准备，但拿到营业执照时，她还是一片茫然：接下来往哪走、怎么走？采取的策略是，不停地跑，不断地"游说"，"不厌其烦向人家介绍自己的技术和产品"。尽管如此"卖力"，却常常是空手而归。在谋求与苏州某一企业合作的过程中，徐晨清楚记得前后往返北京、苏州五趟，用了近半年时间才最终签下合作协议。

作为一个学生，徐晨觉得"创业能够每天抛给你很多全新的问题，解决这些问题的过程，你就学到了很多东西"。

如今的徐晨坐在咖啡厅的窗边，阳光流淌在她乌黑的长发上，言谈间一只纤细的手指推开咖啡杯，在面前的木桌上比画着，眼睫低垂，一副温婉文静的"乖乖女"样貌。

很难想象这样的徐晨在公司初创时，能够为了拉订单全国奔走，踏上这样一条学术创业双肩挑的征程。

一个令人好奇的问题是，创办静芯科技的初心是什么？徐晨想了想，她用清华一位学长告诫她的一句话来作答："不负清华，不负时代。"

"我当时听到这句话的时候，内心很受触动。身为清华学子，在清华这样一个平台，我们真的应该做点什么。"

209

徐晨生活照

曾繁尘：在清华做新媒体的 500 天

文　曾繁尘

• 曾繁尘　清华大学新闻与传播学院 2018 级硕士研究生

曾繁尘个人照

各位老师、同学们好，今天能代表"清华小五爷园"进行经验分享，我感到十分荣幸。

2017 年秋季学期，我来到"小五爷园"，看着后台的 5 万粉丝，感到巨大的责任和压力：这是我第一次以负责人的身份运营一个这样体量的校园新媒体账号。

一年多来，我们的团队交出了这样一份答卷："清华小五爷园"的订阅人数从 5 万增长至 11 万，阅读量 10 万＋的作品数从 6 篇增长至 17 篇，多篇作品被《人民日报》、新华社、《中国青年报》等主流媒体转载。

回首这 500 天,我有太多想与大家分享的话。

讲个好故事 平凡生活需要英雄梦想

魔鬼藏在细节里,好故事则藏在每一个平凡的日子里。

我们的生活太平常了,学习工作,兢兢业业地度过一日又一日,期待有大事发生,有好内容可写,但真正的英雄故事总是在平凡的生活中诞生的。

一位宿舍保安阿姨,能把整座楼的女生当作自己的孩子,她带给了很多人不曾感受过的温暖,却觉得自己做得微不足道,她为女儿辞去高薪工作,来清华当保安,却收获了全楼的"孩子们";一个非体育特长生出身的铁三女孩,可以完成这个星球上难度最大的单日耐力挑战赛,当你真的喜欢一样事物,226km 只是一段不长的距离,廖宁征服了超级铁人三项赛,成了清华第一个女"铁人";一个 25 年前的清华女生,作为清华女生节的创始人,她当年的一个微小的尝试延续至今,并让世人知道,清华人既有家国情怀,也有儿女柔情……

这个园子里每天都有人默默积淀自己,每天都有新成就让众人惊叹。然而,这些故事往往如萤火般隐藏在尘土深处,如果没有人将它们挖掘和讲述,就不会被人知晓。

大家往往觉得清华的"大神"们取得成绩是理所当然的,他们高高在上,与我无关。所以仅仅一则通稿、一则快报不能打动人。"大神"是如何成为神,平凡的人如何超越自己,才是真正值得被书写的。

生活太需要好故事了,而将尘土掘开,让萤火星光出现在众人眼前,就是我们的工作。

做个好总编 尺素情怀需要用心丈量

丈量给人分寸感。

做新媒体就像做饭,火候影响最终的口感。文风太严肃,少有人喜欢看；太浮夸，又会招来反感。

同学和老师喜欢的、本科生和研究生喜欢的、校内和校外喜欢的，总有或大或小的差别。即使同一个团队内部，大家的想法也可能相差极大。

对每篇作品负责，兼顾思想性和趣味性，在所有条件限制之下让作品的效果达到最好，因为没人能代表一个媒体，只有它的作品能定义它。

对团队努力负责，在他们创作前就规划好成品的样貌和个人的分工，拒绝无用功，对结果准确预期。几乎所有推送，在推出之前我们就能估计出它最后的传播效果。不让团队的心血白费，需要对效果仔细丈量。

对社区成员负责，我们的一切内容服务于清华人和"泛清华圈"，社区媒介应该服务于社区成员的自我认同和集体情感的构建，我们的内容，应该符合社区成员的审美情趣。

对光阴岁月负责，我们的生活像幻灯片飞速掠过，很多事情被遗忘，但写作是对这些遗忘的打捞。当你接触到第一个办清华女生节的人、寒冬里跳下荷塘救起落水小孩的教授、为清华的诗风词韵倾注八年心血的老爷子……写作会把记忆召唤出来，让它重新焕发光彩。

曾繁尘在 2018 全国高校新媒体提升论坛进行主题分享

丈量所有需要被考虑的环节，对身边、眼前与累月经年负责，就是总编的使命。

珍惜好时光 刹那欢喜也是地久天长

经常听到有人说做新媒体太辛苦，但我必须承认，我们收获的快乐比困苦更多。在我看来，这种快乐来自两方面。

一方面是我们对"小五爷园"的热爱。我们的团队中有像泰华、凌杉这样从大一到博二整整耕耘了六年的"老同志"，这在人员流动频繁的学生组织中几乎是不可想象的；数不清多少个夜晚，我们在紫荆传媒的二层小屋、小红楼的会议室里畅谈，当一个好选题碰撞而出时，我们兴奋地不能自已；而每当"大作"诞生，群聊里总有几个人略带痴狂地看着阅读量嗖嗖涨，估算以此速度，何时可以10万＋……

是这样一群人，让我明白"不疯魔，不成活"的含义。

11.8，记者节，集体报道特奖答辩

而更深层的快乐，是我们对于创作的认可，对于我们所做事情之意义的认可。

我常反思,我们有十多万粉丝,我们的阅读量比很多社会自媒体账号更高,真的是因为我们做得这么好吗?

读者愿意关注你、看你写的东西,不光是因为你做得多好,而是因为你是清华的媒体,因为大家关心清华的故事。

正因如此,当你的公众号名称里有了"清华"两个字,它就代表着一份责任:你要努力创作配得上这所学校学生水平的好作品,而不是打着她的名号消费她。

越是我们看重的稿子,我们越会倾注一切心血。因为我们深知,如果一个好选题没有做出好作品,那就是我们浪费了这个选题。

很多人看过我们在北大校庆时创作的"清北 tplink",这个作品当天阅读量近 70 万,得到了清华、北大两校的一致好评,以及《人民日报》、新华社等十余家主流媒体的转载。(北大百廿生快 | 相爱相夸 107 年,你是唯一的隔壁)

在这篇推送中我写下了这样一句话,"给你的庆生推送做了 30 天,对你的感情 107 年",这不仅是一句煽情,而是我们深知,这所学校有无数好故事值得被记录,这些故事背后是无数努力与付出,而我们有责任让更多人知道这些故事。

每当我看到后台那真情流露的留言,看到朋友圈里朋友的转发,看到读者对某篇作品发自真心的喜爱,我都无比感动与感激。这是一种"士为知己者死"的心照相交,让你确信自己所做之事是有意义的。

我深知美好时光总不长久,所以更愿加倍珍惜。当两年前虞鑫老师和我聊他做"小五爷园"的经验,我未曾想到我会与它扯上关系,只惊讶于即使是虞老师最不擅长的新媒体运营,也要比我强过太多。

当一年前的夏日午后,我第一次走进小余姐的办公室,阳光洒在我的脸上,她说,以后"五爷"就交给曾老师了。那时的我不会想到"小五爷园"于我意味着什么。

终有一天我会离开这个平台,离开这个美丽的园子。但我会永远珍惜清华教会我的东西，记得和我一起在这里挥洒青春的朋友们。

最后，祝所有老师同学、新媒体工作者创作快乐，感谢我们因创作而相会。纵然我们的作品终将湮没在信息的洪流中，在转瞬间被遗忘。

但只要它们曾为读者带来快乐，刹那欢喜也是地久天长。

曾繁尘，清华大学新闻与传播学院2012级本科生，2018级硕士生，曾任清华大学《清新时报》副社长，现任校团委紫荆传媒总编辑。本文整理自曾繁尘在2018年清华大学第二届校园网络文化节的发言。

"清华小五爷园"获评2018年度北京共青团腾讯微力指数排行榜"综合影响力奖"，北京高校共青团微信公众号腾讯微力指数排行榜第一名；2018年清华大学第二届校园网络文化节媒体平台类一等奖，平台作品分获视觉类、视频类、网文类一、二、三等奖共计三十余项。

"清华小五爷园"团队获奖

金文恺：我在非洲实习的 50 天

文　金文恺

• 金文恺　清华大学新闻与传播学院 2017 级博士研究生

金文恺个人照

金文恺，清华大学新闻与传播学院 2017 级博士研究生，2018
年 7 月底参加清华大学研究生暑期海外实践项目，赴四达时代传
媒南非公司实习。实习期间，她调研了南非在线视频业务产品的
布局和南非媒体的发展历史，并从中国研究者的角度表达了对非
洲在线视频产业发展的思考。

四达时代传媒南非公司

抵达南非约翰内斯堡的时候是一个傍晚。驶往驻地的路上，车窗外是难得一见的动人黄昏：墨蓝与火红交织。空气中，透着清凉与纯粹。我对自己说——这就是非洲！晚饭时围坐一桌，有一种经过17小时飞行后的脚踏实地之感。大家热情地与我打招呼，很快就热络起来。饭后，与将要合作6周的新同事们在小区里散步。不经意间一仰头，夜空繁星闪烁。

陌生与信任

人类心中的"刻板印象"源于偏向性的媒体宣传与信息闭塞。当信息壁垒被打破，数字鸿沟被跨过，人们的思想观念会发生极大转变。从陌生走向信任，这是我在非洲实习的第一个收获。

报名海外实践项目时，由于对非洲的印象仅仅停留在《走出非洲》这部电影，本想去赞比亚却最终被派往了临时增添的实习项目地——南非的约翰内斯堡，传说中全球治安"最差"的城市。听大家说，在南非路上被劫车、行人被抢劫的例子"比比皆是"。

担惊受怕的我，决定穿得越"朴素"越好，将所有的小首饰、非必要的电子设备都留在了国内。我甚至半开玩笑说,想用春运时常见的编织袋而非行李箱来装行李。过海关时递上护照,海关官员问我:"就你一个人来的,害不害怕?"我鬼使神差的回答让我们两人不约而同地笑了,"都怕了,您也就没有工作了。"

约翰内斯堡和开普敦,都有着阳光和煦的白天和静谧浪漫的夜晚,但危险确实时有发生。在约翰内斯堡,周末常去的两家商场收到过炸弹威胁,驻地曾在去年被入室抢劫,公共交通又不甚便利,让我隐隐生出"陌生感"与"不信任感"。但正是与非洲民众的接触,让我对这片土地产生了扎扎实实的"信任"。

在南非的日子里,不仅遇到的中国人都十分热情,工作上和生活中被给予了太多的帮助,在这里结识的本地人也都很友善。来到异国,总希望见到更加本土化的场景,去了解最真实的南非生活,而非始终被"隔离"保护起来。

金文恺(右一)与同事在 Spring Day 的合影

公司里,坐在附近工位做平面设计的黑人男生会每天带着稍显羞涩的笑容过来击拳打招呼;工位紧邻着我的白人男生,对我提出的各种琐事上的求助都十分耐心;前台的黑人姑娘每天都会以激情洋溢的"morning"来迎接每一位同事,我在星期四穿了印着

Monday 的毛衣,还被她打趣"穿错了衣服"。在茶水间遇到的无论是公司高层还是保洁姑娘,都会乐于聊上几句。刚刚过去的 9 月 1 日是南非的 Spring Day,相当于国内的立春。在前一天的周五,同事们都穿得艳丽明媚,一同在公司院子的草圃里种花。粗犷高大的黑人男同事会过来分走一小株他心仪的花苗,认真小心地栽下,大家"花枝招展"地迎接春天。

真正的跨国友谊,其实就像这花苗,需要亲自栽种才能生根结果。

黑与白

这里的黑与白,指黑人与白人。被称为"彩虹之国"的南非,不同种族、肤色间人们的关系,平时看来融洽;但若交流不慎,仍会风波迭起。

一个星期六,我和两位同事跟着我们的厨师去中国城买菜,公司的黑人司机来接我们回驻地。把几箱橘子搬上车后,我们每人随手拿了一个,也打算给司机一个。正商量说开车不方便,是不是要剥好了给司机,刚从国内第一次来出差的同事就把手里的橘子掰了一瓣递给司机,司机不接。厨师立刻反应说这样不好,又递给司机一个完整的橘子。快到驻地门口的时候,司机突然停下车,激动地嚷道,给他一瓣橘子的同事不尊重他、不尊重黑人。我们解释了半天才至平复。又一次,在健身房的汗蒸屋里,待与我们一同聊天的那位白人离开后,一位做红酒生意的黑人谈起了无偿征收白人土地分给黑人的政策,认为是合情合理的,因为"土地本就是白人从黑人手中抢走的"。

贫富差距悬殊是南非治安不良的原因之一。从整体上看,黑人掌握政治,白人主导经济,这是对当下南非常见的观点。在行政首都比勒陀利亚的街头,很难见到白人;而经济发达的开普敦则白人居多,黑人往往见于酒店、餐厅的服务员。在开普敦更可以感受

南非种族隔离博物馆

到许多来过南非的人们的体会——这里是最不像非洲的非洲国家——大城市经济发达，基础建设的方方面面都带有欧洲风格；只有城郊的贫民区才会显露通常印象中的非洲景象。

南非半私有性质有线及无线通信运营商 Telkom

　　与本地人聊到他们对中国的印象、对中国企业在南非的角色认知，他们往往都会提及"中国威胁论"，但他们也普遍认为自由贸易、中非间的互帮互助会促使南非更加良性的发展。

　　中国日益强盛，如何应对中国自身实力带给外界的变化、做好对外传播，是一个不断更新的课题。不仅是教本地人说"你好""再见"，更要清楚面对对象国居民内心世界对中国实力的利益权衡和价值观深层的种种考量。这需要中国学界和对外企业共同探索。

共同的向往

　　对于没有到访过非洲的人们而言，"贫瘠、落后、荒蛮"，往往是对她的刻板印象。在知乎等社交网络上搜索国人对南非的看法，看到的往往是对于其社会治理现状夸张而惊悚的描述。在我眼中，所见到的却是一个可爱的南非。

**iWeek 非洲互联网行业会议上，金文恺（右一）与
SEACOM 公司的工程主管 Mark Tinka 合影**

　　非洲海缆运营商 SEACOM 的工程主管 Mark Tinka 来自乌干达，现在在南非生活和工作。他认为，非洲国家面临的挑战是特殊

的,而解决方法也是独特的。非洲的互联网和全球其他国家接入的互联网是相同的技术,技术在促进非洲的发展,但非洲的基础设施却普遍没有发展到相应的层级。他在自己的职业生涯早期,曾在没有任何绳索保护的情况下,攀爬到几百米的桅杆上或是到输电塔顶去安装无线电装置。

2004年,他在塞内加尔首都达喀尔开展AfNOG(非洲网络运营商会议),在相距500～600米、没有光纤线路或无线电基础设施的两栋楼之间尝试建立电缆连接。由于没有制转杆,只能将电缆经过楼顶,悬挂在两栋楼之间的五六棵棕榈树的树枝上。他和同事们还称之为"棕榈树IP"。这迎难而上、灵活变通,没有条件、创造条件也要上的精神,对于我们中国人,是多么的熟悉啊。

金文恺在好望角

在8月21—23日的iWeek 2018非洲互联网行业会议上,与非洲互联网领域的几位关键人物交谈,听他们回顾非洲的互联网历史。促使他们一直走在推进非洲互联网建设前沿的动力,均是对于教育普惠的愿景,愿让更多的人通过互联网建立的连接,得到便捷的学习和成长的机会。作为中国企业"走出去"的代表,四达正在非洲积极推进的、由习近平主席在2015年中非合作论坛约翰内斯堡峰会上提出的"万村通"民生工程项目，免费为非洲各国村庄里的公共收视区域安装投影设备或数字电视，配备太阳能供电设备，并向村户家庭赠送机顶盒、卫星电视接收器。这同样是为了让偏远地区的百姓拥有了解世界、认识世界的窗口。

非洲各国 OTT 在线视频行业的发展，普遍面临流量资费过高这一掣肘。南非的传媒业还普遍存在垄断现象，垄断企业的内部连接延伸，大多触及传媒界的各个面向。四达在南非的业务开展虽面临着这些障碍，但仍在努力推进，促进多元竞争，惠及本地的普通家庭。

挥别，那两洋之界

2018 年 8 月 10 日，我来到了南非的最南端好望角。再一路向南，抵达非洲大陆的最南端厄加勒斯角，大西洋和印度洋也在此处分界。在好望角的灯塔边，有一根设有多个方向指示牌的柱子，指示牌上标注了世界各地与好望角的距离。上万公里的距离数字，让人不由得生出"万里之遥"的感慨。

历史记载，1488 年年初，葡萄牙航海家迪亚士率领的 3 艘帆船船队在惊涛骇浪中驶过好望角。返航途中，再次经过，却是晴天丽日，船员们惊异地凝望着这个隐藏了多少个世纪的壮美岬角。9 年后，葡萄牙另一位航海家达·伽马再次通过好望角。至此之后的近 500 年，欧洲海洋势力向东扩张，开启了西方主导的全球化。

从硕士论文研究明代对外传播史的资料中，我了解到比达·伽马更早的中国明代著名航海家郑和七下西洋的壮举。郑和所带船队抵达了非洲，走在世界航海文明的前列。

而今，我清晰地感受到，一段新的历史将在这里书写。

"再多待两周吧！"这几天，公司的同事们热情地诱惑我："蓝花楹就要开了，到时漫街的浅紫色，特别美。"

没能见到蓝花楹盛开，的确遗憾。但更难舍的是在这里相遇的人们。

天地有大美,行万里路,趁年轻。

只有到了最前沿,到了追踪的风口,才知道风从哪儿来。

南非实地亲历,给了我观察世界的最佳机遇。

这段独特而精彩的南非实习实践经历,愿分享给大家。

余霄：想青年之所想，讲青年之所讲

文　慕海昕 余霄

● 余霄　清华大学社会科学学院 2017 级博士研究生

2018 年，清华大学博士生讲师团已经走过 20 个年头，期间涌现出一大批政治素养坚定，理论功底扎实，表达能力突出的骨干讲师，他们用青春话语，想青年之所想，讲青年之所讲，紧密围绕党和国家在不同历史阶段的路线、方针、政策开展宣讲，引领广大青年勇担复兴大任，争做时代新人。风雨二十载，立言新时代。

社会科学学院 2017 级博士生余霄是博士生讲师团 20 年里涌现的优秀讲师之一。作为讲师，他从不肯停在已有的舒适区内，他总是在自我打破，不断向前。

余霄个人照

余霄他拥有很多"身份"：他曾先后担任过北京高校博士生宣

讲团讲师,清华大学博士生讲师团副团长、"金牌讲师"、社科分团团长、国际分团筹备人,清华大学学生一带一路研究协会(SABRI)会长……有的身份源于"取得",有的身份源于"创造"。

知与行:书斋·讲坛·田野

"其实我当时对宣讲工作并不了解,到了新环境,新时代,何妨新尝试。而且,作为政治学博士生,研究学习党和政府的重要会议和文件,本是分内之事。所以我就去了,也有幸通过了。"对刚在清华开始博士生活的余霄而言,加入讲师团是一件既偶然,又必然的事情。北京市成立高校博士生宣讲团,公开招募讲师时,曾到数十个国家游学的他,因入学之初便荣获清华大学"未来学者"奖学金,又是对口专业,于是受到院团委的推荐,最终通过面试选拔成为一名讲师。

227

余霄在狭窄的书斋里学习研究

加入讲师团之前,余霄形容自己原是个"躲进小楼成一统"的学究形象。为学术而学术,只在学术的小圈子里交流切磋,"不与时人较短长"。这种形象,难免带着知识的傲慢与偏见,碰到小圈子之外的人,要么是高高在上地启蒙,要么是草草了事地敷衍。

走出书斋,站上讲坛,如何避免"掉书袋"成为他遇到的第一个困难。"第一次就是给百余人讲,多少会紧张。使尽浑身解数,就想把知道的都告诉听众。结果虽不能说听众都在打呵欠,刷手机,但听不进去是肯定的。对我来说,这无疑是一种挫折。"他意识到,惯常的学术表达方式在这里行不通了,必须调整自我定位与身份认知。"博士生的首要任务当然在于学术研究,但作为博士生讲师,加上了'讲师'二字,不会讲,何以为师? 何以有颜面顶着这重身份?"

改变的灵感来源于哈佛大学公开课"公正"。余霄喜欢桑德尔教授研讨会式的授课风格,他由此开始思考如何打破原有的演讲范式,在宣讲中提出问题,给出材料,与听众共同分析,层层推理。于是,在《时间的政治学:从历史理解十九大,从十九大理解历史》的讲题下,为了解释历史创造与历史书写之间主客性的差异,余霄先抛出"历史有终点吗?""历史有起点吗?"两个问题,让听众从个人经验出发,充分理解政治共同体的"存在与时间",从而获得活在伟大历史进程之中的现实感。

"对大多数人而言,哲学思辨的大格局、历史观察的长时段与日常生活相去甚远。我要做的就是邀请听众暂时离开舒适区,把日常生活稍加悬置,全身心地进入到这短短一个小时宣讲话题的语境之中。这么一来,我便能感觉到听众思想的节奏与互动,我们都很享受。"余霄说。

讲师团带来的成长,不仅在于身份的转变,还在于视野的开阔。"立言计划"鼓励讲师走出书斋和实验室,走向真实的社会和广袤的大地,因而余霄以讲师身份多次赴基层宣讲和调研。在河南兰考生长着挺拔焦桐的沙丘上,他向各国留学生介绍中国摆脱贫困、寻求富强的探索与经验;在安徽凤阳当年摁下红手印的农家,他向大包干带头人报告中国农村改革的政策与历程。暑假里,他前往中越边境的广西崇左市委挂职锻炼,沿着七百多公里的国境线寻访,复杂的地方治理与多元的文化特色,带给他触动,更引

余霄在开阔的讲坛上分享交流

发他思考。当地结合壮族生活习惯,在大榕树下设讲堂,用山歌唱理论的鲜活生动给他留下了深刻的印象,"理论是灰色的,而生活之树常青,在这里,你需要自觉进行调适,甚至自我改造,身份的转换固然痛苦却又十分必要,不然将永远活在自己舒适区的幻觉里"。学与讲,思与行,并非鱼与熊掌不可得兼,实践与调研使余霄更加坚定了"学术乃天下之公器"的理想信念。

余霄(左一)在广袤的田野间实践调研

现在的余霄用"循循善诱"来描述自己理想中的宣讲风格。他保持着敏锐的学术眼光,努力为日常生活提供一个更为宏大的观察视域和理解背景;同时他也更加注重以问题为导向,通过与听众一起聚焦问题、分析问题、求解问题来推动每一次宣讲的开展。"我想最重要的还是形成个人风格,当然风格也意味着固化,依然需要不断地自我调适、自我突破。"

跨学科: 出于崖涘, 观于大海

担任讲师团社科分团的团长之后,余霄决心结合社科学院实际,打造社科分团无可取代的独特性。"有的人用经验与实证的科学方式来认知世界,有的人用价值理念和意识形态来解释世界,在我看来,社会科学希望把这两者结合起来,互为研究手段和研究对象。"

仅满足于一种方法在余霄看来是不够的,"戴上经过专业训练,精巧磨制的学科透镜去观察,无疑可以很细致,但我们需要避免'管中窥豹'和'盲人摸象'。搭配镜头,调整焦距,从多个层次和角度去理解'横看成岭侧成峰'的社会现象,这样的理论思考才能更饱满,也才更有可能抵达本质"。

社科学院在整个清华大学的学科体系中,拥有着自己独特的生态系统,专业设置横跨哲学、法学、史学、理学、教育学 5 个基础学科门类,聚焦复杂多元的社会问题。因此,余霄尝试以会讲、联讲的方式,让不同专业背景的同学对同一个社会问题展开分析和对话。

这样的跨学科交流平台极为难得。它不仅可以用来准备和进行宣讲,还以学术工作坊的形式进行着充分的内部交流。社科学院的博士生讲师们倘若有了一篇论文构思的雏形,就拿来分享,不同专业的博士生来"拍砖",探讨题目是否适合转化为一场宣讲。不合适也没关系,大家都是从事专业研究的同学,权当打破成见,

余霄在"立言计划"第一期开营仪式上分享跨学科宣讲经验

交换视域,至少能够帮助论文从研究方法到理论框架上进行拓展和完善。这样下来,反而能激发对宣讲更深入的交流和更全面的准备。"在此过程中,人人皆有所得,你会愿意在其中交换意见,参与的积极性因此也大大提高。"

在社科学院的跨学科宣讲尝试,取得了很多精彩的成果。然而"社会科学的学术体系本身是自洽的,但它也只是学术大分工下的一个部门",他希望能够在清华这片浩瀚的学术海洋中,获得更多的滋养。因此,余霄进入校研究生会学术交流中心,负责学术社群的孵化工作。从社会科学的分析模型获得启发,余霄探索了PESTEL 联讲模式,将政治学(politics)、经济学(economics)、社会学(sociology)、科学技术(technology)、生态环境(environment)、法律制度(legislation)这些学科结合起来进行尝试。

要讲中美贸易战,就请人文学院研究比较文学的同学和社科学院研究社会心理学的同学合作,分析贸易战背后两国的社会文化和价值观念的差异;再加之经管学院研究国际贸易,法学院研究国际法的同学,和社科学院研究国际关系与经济史的同学的通力合作,为理解贸易战增加制度分析和历史分析的维度。要讲人类命运共同体(the shared future of mankind),就要立足当下,放眼未来,把技术作为推动人类文明发展的变量,以未来学(futurology)的

社科分团的集体备课与跨学科交流

眼光,从大数据与人工智能,脑科学与基因工程,乃至天体物理与航空航天等专业的同学合作。"完全可以围绕经典科幻作品,例如围绕《三体》展开 PESTEL 联讲,构想人类命运共同体,我发现这个特别对理工科同学的胃口。"余霄说。

国际化: 立德立言,无问西东

余霄有一位好朋友叫沙明。"他是来自阿富汗的博士留学生,专业是国际关系,但常来选政治学的课",一来二去,两人发现彼此有许多令人欣赏和尊敬之处。"在中西政治思想比较这门课上,我们有许多深入的讨论,决定一起合译古代波斯和中华文明的学术经典,我们由衷地体会到东海西海,人同此心,心同此理,也就是无问西东的道理。"余霄认为,英语是新生代中国学者"标配"的基本能力,反而是用梵语、波斯语、阿拉伯语等语言写就的学术经典所获关注尚且有限。"不同的文明都为人类的发展作出了探索和贡献,并用自己的文字书写了学术经典,对于中国的学者,哪怕纯粹就知识谱系的完整性而言,这一课尽管困难,也是必须补上的。"

余霄(右二)和朋友们在讲师团招新点

233

　　余霄介绍沙明进入了博士生讲师团。在他看来,沙明帮助他打破了对世界既有的认知框架。"无论处幽兰之室还是鲍鱼之肆,我们很容易对自己日常生活中拥有的一切习以为常,理所当然。沙明提醒我,野蛮与疯狂并不遥远。在和平安宁之中,我们体会不到战争对于人性的戕害、对人类共同物质与精神财富的毁灭。这也提醒我们,为什么增进互惠互信,建立人类命运共同体是如此重要。"对于沙明来说,讲师团也是他更加了解中国、认识中国的窗口。

　　余霄与沙明,还有其他社科讲师团成员共同设计了《一带一路倡议与人类命运共同体》——"核心律章"主题宣讲。在设计过程中,余霄极为重视对沙明个人意志的尊重——从追风筝的人,到风从东方来,再到风向未来去,沙明用他的亲身经历与真实表达,讲述故乡喀布尔在历史变迁中起伏的命运。"绝不能把他当成一个有着外国面孔,中文流利、会讲迎合中国听众精彩故事的符号。那是表演,不是宣讲。尽管每个人都需要标签以便认知,但不能被标签束缚认知。"

　　"核心律章"的成功,也鼓舞了余霄推动国际分团成立的信心。

"核心律章"宣讲圆满成功

有没有一种宣讲方式能展现世界范围内青年人对"人类命运共同体"的理解呢？余霄的脑子里有一个大胆的想法："现在我们有亚洲之心的阿富汗，还有苏丹、哥伦比亚、意大利以及美国的留学生同学，不如就采用五大洲留学生联讲的形式，作为国际分团的首场亮相！"

在复杂多变的国际语境下做好一场宣讲，在余霄看来，这只会提出更多与更高的要求，尤其是足够的国际化知识的储备。与沙明的珍贵友谊，让他们和更多国际留学生朋友一起，发起成立了"清华大学学生一带一路研究协会"（SABRI），尝试从清华校园开始，促进中国学生与国际学生围绕"一带一路"主题展开各类政策、经贸、学术、文化的合作与交流。在此平台上，余霄希望把他和沙明合作的翻译模式进行推广，寻找到更多合适的译者，出版包括考底利耶的《政事论》、安萨里的《劝谏书》等在内的"一带一路国家学术经典译丛"。"学术翻译是最基础的工作，或许在其他成百上千个以'一带一路'为名的团体看来，这是笨活累活，我们却坚持一定要做。树根扎得有多深，树干就长得有多高。"

对于在讲师团成长经历的回顾，余霄常常提到"打破"。先后

余霄在一带一路青年研讨会上介绍学术经典译丛项目

到数十个国家游学与各个国家的人成为挚友,是"中国中心观"的打破,重建对中国所处世界的真实理解;到乡村,到边疆调研实践,是"城市中心观""首都中心观"的打破,重建对中国全面立体的理解;多院系跨学科交流,是"学科中心观"的打破,重建对学术话语体系综合的理解;而在讲师团,他最根本的转变,是在学者中增加了讲者、行者的身份,在知识生产者中增加了传播者、实践者的身份。从一个个既有的舒适区里突破出来,余霄始终坚持的是政治学者的身份,对于中国政治从微到宏的远观察和近参与、热实践和冷思考。"我不能永远隔着一张纸,一本书去想象。"

现在的余霄对于宣讲这种形式也有了充分的认同。"中国社会面临急剧转型,共同体当然需要共识,才能同心同德,群策群力。而'入脑入心'本质上是经过大脑理性思考,甚至是批判性思考之后,发自内心的坚定信念与由衷认同。"

对于新加入讲师团大家庭的成员,余霄的寄语是《易传》中的"君子进德修业,忠信,所以进德也,修辞立其诚,所以居业也。"他说,"这是一个极好的平台,但我认为最重要的事是'修辞立其诚',我们对在这里讲的每一句话都要负责任"。

235

巴达伟：以文学架起中非桥梁

供稿　清华大学博士生讲师团

- 巴达伟　清华大学人文学院 2017 级博士研究生

　　巴达伟身上有很多"标签"：在大多数人眼里，他是清华大学人文学院博士生；朋友们喜欢称他为"研究鲁迅的非洲小哥哥"；在一同前往延安的同学们看来，他是需要大家时时"盯着"的"重点保护对象"，因为巴达伟时常因为沉浸在历史旧址的余韵中而掉队，他自己却说："反正，我就是这样一个'一直待在文学里的人'。"

想到中国见识一下中国人是不是真的都会飞

巴达伟初到北京时

在来到中国以前，巴达伟对中国的兴趣和向往来自于两个中国人。一位是成龙——以成龙为代表的功夫明星和香港电影填补了他高中每个周末的空白。自那时起，巴达伟便对中国文化心向往之并产生了极大的兴趣，"甚至想到中国见识一下中国人是不是真的都会飞"。

而另一位就是毛泽东。"想要了解现在的中国，就不能不提到毛泽东"，毛泽东在巴达伟心中的地位和影响力有着非同寻常的地位，对巴达伟的青年时期产生了极大影响。"毛泽东是一位伟大的革命者，也是一位伟大的领导者。在苏丹，即使是只接受过小学教育的年轻人都对毛泽东很好奇。"

"毛泽东领导了中国革命。中国的战争胜利后，日本人和美国人离开之后，怎么发展自己，怎么自己解放自己，这是很值得'第三世界'研究的一段历史。"巴达伟说，"我要从文学的角度去分析中国是如何发展的。"

于是，中国的文化是怎样的，中国的发展道路是怎样的，这些问题吸引着巴达伟，并鼓励着他以极大的热情投入到中文的学习中，并以此回应外界的质疑与压力。就这样，巴达伟选择了就读苏丹当地中文系最有名的喀土穆大学，开始了对中国文学与历史的学习和研究。

延安之行，寻根中国发展的秘密

2017 年，巴达伟来到清华大学继续深造，入学之后便迅速了解并加入了清华大学博士生讲师团（以下简称"讲师团"），并于 2018 年 10 月 13 日参与了讲师团"立言计划"之延安行。

在延安，巴达伟跟随讲师团一同参观了革命旧址。在延安革命纪念馆，了解到了中国共产党领导下的延安地区革命斗争史。在习近平总书记下乡工作过的梁家河，学习了青年习近平在这片土地上学习奋斗的经历。"毛泽东当年离开北京上海，来到这样一个遥远而艰苦的环境，为了建立现在的中国而奋斗，这是一个很耐人寻味的决定。这不仅需要战略智慧，也需要很强的领导力。"回忆起延安之行，巴达伟感慨道。

巴达伟在延安学习书院了解党建历史

"在参观延安革命旧址的时候，我看到了毛泽东接受美国记者采访的相关资料。从中可以看出毛泽东的外交理念是很现代的——无论是敌是友，我都愿意与你交流。"

巴达伟在参观延安革命旧址的同时，也看到了延安的巨大变化。

"现在的中国发展很快，变化很大。20世纪70年代，我的老师们来到中国北京，他们觉得当时的北京很落后。但是现在，就连我美国的朋友都说，中国的出行和购物都很方便，而且中国很安全。"巴达伟说，"延安的发展变化也同样惊人。我们站在延安的高山上，看到了这个城市欣欣向荣的面貌，希望等到延安新区建成之时，我还能再过来看看这个城市。我也要继续探索政治和文学的关系，从文学的角度探索中国快速发展的秘密。"

在参观的同时，巴达伟还对清华大学学生们的宣讲印象深刻。"清华大学的学生们向基层干部分享知识，这是清华学子的社会责任感和民族责任感的体现，讲师团是一个很有意义的平台。宣讲结束后，我跟当地干部交流，他们都表示很受感动，从学生们的宣

巴达伟（中间）在宣讲后与延安基层干部交流

讲中学习到很多。因此，我认为宣讲是很有意义的事情，有机会的话，我也愿意参与其中，分享苏丹的文化与习俗。"

继续讲述中非故事

如果说，文学是巴达伟观察纷繁世界的一扇窗户，实践则拓宽了这扇窗的宽度，为他的文学世界增添了无尽的纵深感。巴达伟以实践结合所学，以所学感悟实践，对中非关系和未来发展有了更深层次的思考。

"中非需要更多人文交流，中非对彼此的理解还不够。"巴达伟在谈到中非关系时说。"在非洲，苏丹人民对中国的了解仍然停留在表面阶段。非洲仅仅是从西方媒体的报道中知道，中国现在经济发展很快。但是从历史文化的角度看，人们对中国知之甚少，在中国的情况也是如此。"

巴达伟将中非合作比喻成两个人之间的交往。"如果两个人之间相互不了解，怎么能够放心地与对方合作？由此可见，任何两个民族，人文交流是合作的重要基础。"

在巴达伟看来，学习中国的语言和文化是了解中国的切入口，是一个很好的渠道。所以需要更多人潜心研究,深入了解中国的历史与文化。

"一说到非洲,更多的人想到的是战争与饥饿,但其实不仅仅是这样,非洲的另一面还有待世界了解。非洲的声音似乎在被世界忽略,我希望可以与更多人交流现代非洲的文化、历史与哲学。"

巴达伟发表关于中非关系的看法

中国的"一带一路"倡议在巴达伟看来是一个中非实现双赢的机遇,也是中非人文交流的契机。

非洲的资源很丰富,中国在非洲的基础建设和投资一方面为非洲带来了更多的就业机会,和新的先进技术,另一方面也让中非人民在合作中加深了彼此的了解。"在西方媒体的渲染下,非洲人民觉得中国制造就等同于质量差,但是'一带一路'的合作让我们切实地看到了中国产品的质量,改变了对中国的刻板印象。"

"同样地,从文学的角度来看,中非也需加强交流。中非的学术交流一直都在学习英文的'二手'文献,缺少直接性的了解与研究。那么在这样一个人类命运共同体的机遇下,我们必须要加强中非交流,这才是中非关系长足稳定的基础。"

回顾这些年求学的经历,巴达伟从一个在武侠片里了解中国的高中生,到中文系的学生,再到清华园、到延安,变成了中非交流的青年力量,他走过的路,正是两个地区、两个文明的青年们正在走的、正在做的。学习对方的语言,了解对方的文化,尊重彼此的制度,打开交流的大门。"一带一路"的合作就是要搭建起人们心中的这条纽带,打破陈见,建立尊重与互信。

没有土地,哪有文学? 在中国这片热土上,越来越多像巴达伟一样的非洲青年建立起了中非交流的桥梁。

"21世纪是属于中国的世纪,也是属于非洲的世纪,两个文明以及两个地区应该有更多的合作。"巴达伟说。而这个"待在文学里"的非洲青年,还将继续在园子里,在中国讲述自己的"中非故事"。

孙梦园: 献血 28 次的清华女孩

文　周昊 陶敏珍

- 孙梦园　清华大学自动化系 2017 级硕士研究生

　　孙梦园,清华大学自动化系 2017 级硕士,现任自硕 17 班党支书。从本科起,共计献血 28 次,累计献血量达 9 800cc,曾获得红十字协会无偿献血奉献奖金奖,清华百年树人德年公益文化奖,清华大学优秀团员等荣誉称号。

孙梦园献血

　　1 000cc,3 000cc,5 000cc,9 000cc,⋯⋯一步步走来,最初的坚守,只是源于一颗善良的心。但是不知不觉间,献血慢慢融入了她的生活,成为习惯,凝聚成生命中不可或缺的一环。

始于好奇,持之以善

2013 年 12 月,正值大一的孙梦园刚好达到了法定的献血年龄。之前,她只是从电视、网络等渠道了解过献血,并没有亲身经历过,对献血有些好奇与憧憬。而今再看到那句"无偿献血,你也可以成为他人的英雄"的宣传语时,她已可以将自己内心"通过献血对社会做一点贡献"的想法付诸行动。

孙梦园就这样完成了人生第一次献血。本着一颗行善的心和对自我的要求,孙梦园先给自己设定了一个小目标:1 000cc。

一次,两次,三次,……问起孙梦园的献血次数,她抱歉地笑了笑,翻出手机算了起来:"一共 28 次。"

243

谈起一次次献血中的感受,孙梦园眼中透着坚定。"献血的过程虽然耗时,但我觉得它是可以给人带来正能量的。有时候在我感到很压抑,或者是比较'丧'的时候,也会选择去献血。献完血后我会觉得整个人变得更阳光了,因为当我知道我的血液流淌在别人身体里的时候,我能体会到一种生命的延续。"

本科以来,孙梦园一直有个小小的心愿:搭建一个献血志愿者平台。因为本科学校离血液中心比较近,孙梦园当时就经常组织班级同学前往血液中心当志愿者,帮助医护人员搬运一次性耗材。来到清华后,身为自硕 17 班的党支书,孙梦园在 2017 年 10 月 1 日当天就组织了自硕 17 支部前往血液中心献血。最初,由于同学们对于献血不太了解,以致热情度不高,孙梦园便一个个地沟通探讨,并分享自己的经历。最终,自硕 17 支部的 5 位同学和她一同前往北京市红十字血液中心完成了献血。

"也许,我现在距离搭建一个完备的献血志愿者平台还有一定距离,但是我会一直呼吁我身边的人加入。由于个人体质不同,有的同学献血后确实会出现不良反应,但是我还是希望同学们都可

自硕 17 支部前往血液中心献血

以参与到献血的公益事业中来，不一定需要亲自献血，能作为志愿者协助医护人员，为献血出一点力也是很有成就感的。"

"这对我来说，只不过是短暂的等待与忍受；而对患者来说，可能是未来与全部"

在一次与护士的交流中，孙梦园了解到了成分血。不同于利用率较低的全血，成分血会在献血时直接将血小板分离出来，而分离后的血液会再次输回捐献者体内。相比于全血，成分血对于同一血型来说排异程度更小，不同血型也同样适用，可以大大提高血液的利用率。"比如说医院需要 400cc 的全血，那么往往需要使用 2 000cc 的血液才能达到要求，而成分血的利用率相对来说就很高，如果需要一袋血小板的话，一到两袋成分血就能满足要求。"

成分血给医师和患者带来了便利，但对于献血者来说，献血的过程却是一种煎熬。献全血 10 分钟就能完成全部过程，而献成分血，就往往变成了长达一小时的漫长等待。这是一个相对而言较"痛苦"的过程：尽管不是很疼，但这一小时的时间只能坐着，身体难免会感到不适与麻木。但孙梦园觉得，对患者和医生来说"这都具有更大的价值,而我这一小时的等待并不算什么"。

除了献血,孙梦园还加入了中华骨髓库。孙梦园谈道,"很多人对骨髓库并不了解,以为捐献骨髓需要在骨头上打孔,抽取骨髓。实际上现在所说的捐献骨髓只需要捐献造血干细胞进行培养,和常规的捐献成分血过程一致,远没有想象中的那么可怕。"

入库之后,如果有病人与捐献人配对成功,那么捐献人就需要过去捐献,但有的人入库仅是一时冲动所致,在真正接到通知的时候就退缩了。对此,孙梦园说:"如果我真的接收到了通知,那么我一定会义无反顾地去。因为这对我来说,只不过是短暂的等待与忍受;而对于迫切需要骨髓的患者来说,可能是他的未来与全部。"

关于"献血对身体有害"的言论,她这样面对

从本科开始,孙梦园累计献血 28 次,献血量高达 9 800cc。一路走来,她不仅需要忍受献血后身体上的疲惫与虚弱,有时更是需要直面外界的质疑与否定。

虽然已经献血二十余次,身体已经基本适应了献血的节奏,但是献血时,孙梦园也偶尔会出现不适。有一次,因为献血时间比较久,她出现了呕吐、眩晕的症状。这种不舒服的感觉也难免给孙梦园带来一点负面情绪,但是她常常会告诉自己,这种不适应很多情况下是"献血前没休息好的缘故,要从自身找原因,而非一遇到困难就失去对献血的热情"。

而孙梦园身边却也不乏对献血报以质疑的人。孙梦园曾参加过一个运动相关的社团,恰逢当时学校组织献血,有人就在社团群里发"献血对身体有害,大家不要去献血"类似的言论。

对于这种质疑,孙梦园认为很不科学,也很不负责任:"从目前科学角度来看,献血是否会对健康产生不利影响还没有定论,这样不负责任地宣传没有科学依据的信息,会让很多原本对献血就不太了解的人望而生畏。在我看来,献血是每个人的自由,但是对于

那些误导大家献血意愿、打击大家献血热情的行为，很让人难以接受。"

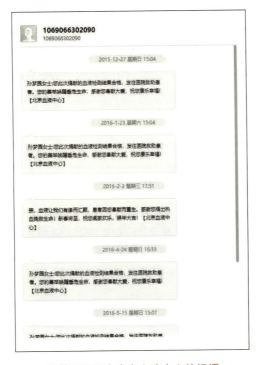

孙梦园手机中来自血液中心的祝福

"血液让我们因缘而汇聚，患者因您奉献而重生，您的献血善举让生命之花绽放"。每每读到血液中心发来的祝福短信，孙梦园都会感到有一股暖流在心里流过。献血五载，不为名，不为利，只为心灵深处那一点小小的幸福。

包育典：结缘乒乓，又因乒乓结缘

文　周博 辛冠男

• 包育典　清华大学机械系 2014 级博士研究生

中午的气膜馆闷热而又空旷，唯有清脆而有节奏的"乒乓"声不绝于耳，原来，这是在经过一上午的奋战后，包育典与男友周斌又在为下午的比赛做赛前热身了。

包育典在比赛中准备发球

和大多数队员不一样，包育典与乒乓球结缘于初中时父亲那"不能只顾学习，要德智体美劳全面发展"的教诲，没想到一练就是十余年。十余年的风雨兼程，如今她早已与乒乓球结下了不解之缘。

筚路蓝缕，从未放弃

身边的同学和朋友平时都亲切地称呼包育典为"包队"，因为她是机械系乒乓球队的前任队长，不过除此之外，包育典也是机械系乒乓球俱乐部的创始人。在谈及当年成立机械系乒乓球协会的初衷时，她表示想法其实十分简单："担任队长期间，时常有同学咨询我加入球队的事宜，但因为球队的招新有一定门槛，也要对系队负责。为了满足广大同学们的需求，于是我就决定申创机械系自己的乒乓球俱乐部"。

包育典创办俱乐部的初衷只是想为机械系热爱乒乓球的老师和同学们提供一个业余时间练球的平台，但随着它的名气越来越大，在院系内口口相传，吸引了越来越多的老师和同学们加入，规模也慢慢扩大。现如今，每每提及自己一手带大的"孩子"得到大家的认可，包育典的脸上都不自觉地流露出满意的笑容。

当然，机械系乒乓球俱乐部的从无到有、从小到大，并不是机缘巧合，包育典在其中也付出了许多。回忆起创办之初，从气膜馆的场地不适宜训练，到每次团建活动的举办，乃至成员积极性的调动……能想到和不能想到的问题层出不穷，但不论怎样，包育典都坚持着为着迷乒乓的同学们着想，凭着骨子里那股不服输的劲儿一路坚持走来，从未想过放弃。

包育典进队之初的机械系乒乓球队成绩平平："马约翰杯"及"研究生杯"总是止步八强，小组出线就算达标。作为队长的包育典不甘现状，她分析现状、提出方案，希望通过自己的努力，能够带动全队去拼一把，去创造机械系乒乓球队的历史。

努力的人运气总不会太差，她规范了制度、请到了教练、更换了训练场地、等来了实力强大的"小鲜肉"。在大家的共同努力下，2017年机械系乒乓球队一炮打响，在"马约翰杯"和"研究生杯"中均获得甲组第二的优异成绩。

机械系乒乓球俱乐部聚餐合影

俱乐部里除了日常的训练,团建工作更是做得有声有色。男
生节、女生节、郊游、赛前赛后的聚餐等应有尽有,2017 年包育典还
组织大家去了天津,现场观看全运会乒乓球比赛。

249

包育典(右一)与俱乐部成员 2017 年观战全运会合影

丰富的团建使得成员之间的感情十分融洽,大家打球之余也
经常联络感情,在科研、学习上互相帮助,毕业的师兄也常常回来
参加俱乐部的活动,参观比赛,给队员们加油。连请来的教练都十
分喜欢俱乐部这个小集体,不光放弃了午休时间自愿带队员训练,

还经常准备小礼品和小点心等以此鼓励大家。

包育典赢球的瞬间

　　在优异的成绩和和谐的氛围背后，是作为俱乐部管理者的包育典那不辞辛劳地默默付出，从给同学粘乒乓球拍到每一次的训练和团建，包育典都是事必躬亲。尤其是每次赛前，虽然每天中午都安排了不同的人带队训练，但包育典每天都要去看一眼才安心。虽然占用了大量自己的休息时间，但看着大家的进步，包育典觉得这一切都值！

　　可以说，机械系乒乓球俱乐部的从无到有、从小到大都凝结了包育典的精力和心血。不过，包育典说着说着，忽然半开玩笑地说："原来系队和俱乐部的大小事情都是我一个人做，现在有男朋友分担好多了！"

结缘乒乓，伉俪情深

　　包育典和男朋友周斌就是通过乒乓球认识的，周斌从大一就进了乒乓球系队，算是前辈，两人结缘于团队安排的一次次混双CP，合作次数多了，不光感情上得到了升华，配合起来也更加默契。今年的"研究生杯"乒乓球联赛，包育典和周斌搭档混双出战。从赛前训练，到赛后讨论观战，二人也是形影不离。

包育典与男友周斌混双比赛现场

在被问及两人与乒乓球的逸事时,率直的包育典思考了良久,倒是一旁沉稳的周斌偷笑着说:"她和我打球总能赢,但和我水平相近的其他队员打却常输。"一句话惹得她直拍周斌的手,不经意的一个小动作,帅气而又干练的包队在男友身边那羞涩的一面跃然面前。

眼下,作为球队的元老,他们都将迎来自己的毕业季。但包育典和周斌都表示:不管毕业后去哪,还是会继续坚持打球,也会有空常回来看看,不会脱离机械系乒乓球队和俱乐部这有爱的大家庭,也希望机械系乒乓球队能创造更辉煌的未来!

2018 年研究生乒乓球联赛机械系队合影

(左二、左三为周斌及包育典)

赵闯：坚守理想，行胜于言

文　谭宏

- 赵闯　清华大学经管学院2013级博士研究生

　　赵闯，2013级经管学院直博生，首届苏世民学者，曾任经管学院经双辅导员和会计硕士带班辅导员，经管学院研究生会主席，校研究生会副主席，校研究生团委副书记。毕业后，他选择到祖国的最基层进行工作和历练。2018年清华大学研究生毕业典礼上，校长邱勇以赵闯在校期间曾赴9个国家和地区交流为例，勉励同学们要努力与开放的时代同行，以开放精神点亮人生。

赵闯个人照

因开放而多彩

赵闯与苏世民书院的同学们参加研运会

在苏世民书院的一年对他的影响很大。在那里,他和来自近30个国家的、具有不同文化背景的同学交流探讨。他曾经是 G20 青年峰会 5 名中方代表之一,也是第十三届世界青年大会 2 名中方名代表之一,曾入选 2015 年中英大学生领袖创新体验营,与 30 名中英大学生代表开展以"社会创新""智慧城市"为主题的社会实践活动,还跟随牛津社会科学领域首位大陆华人终身教授傅晓岚探索创新与反贫困、可持续发展等相关研究。

如此丰富的开放交流,让他感受到,成为更好的自己、建设更好的世界是各国青年人共同的梦想。在个人总结中,他写道:"国际舞台上的青年就是国际舞台上的中国,青年世代友好,明天就会更好。"

因创新而可能无限

以创新创业的心态和热情做好服务。2014 年年末,赵闯和团队以创业者的心态集中办公，专心做出让同学们满意的产品，积极探索"互联网＋"跨学科交流模式，开发上线了"微沙龙2.0"平台。据统计，"微沙龙"平台在2015年至2016年发起小型交流讨论3 000余场，累计参与人次超过12 000人，超过5 000名在校师生注册使用"微沙龙"。詹姆斯·莫里斯（诺贝尔经济学奖获得者）、青木昌彦、薛澜、王振民等多位名师教授都受邀开展微沙龙。

诺贝尔经济学奖获得者詹姆斯·莫里斯与清华学子开展微沙龙交流

"创新精神和开拓意识"是一位和赵闯共事很久的师兄对他的评价关键词，"他总是能在各类复杂的工作中开创新的局面。"

"经世学者"论坛暨清华北大两校六院学术论文大赛，发起"iCampus"国际化项目，打造"世界清年行""洞察中国"等国际化实践特色品牌，成立"清华大学小研发展基金"，升级改版研究生社会实践平台"小研在路上"，策划首次小研校庆返校活动，发起全国首个中外学生合力解决校园问题的iCampus项目，开发并上线了国内首个以学生组织为载体服务留学生群体的全英文微信公众号"Xiaoyan Online"。

赵闯认为，工作中的每一次创新实践，都源于整个团队对工作的热爱和持续努力，都需要善于开拓、积极创新的精神。2017年，赵闯获得"林枫辅导员奖"，这是清华大学专门为思想政治辅导员设立的奖项，被认为是清华大学学生思想政治工作队伍建设中的最高荣誉。

未来，与服务同行

丰富的国际化经历和宽阔的国际视野不仅让他在名利诱惑面前更淡然，更坚定了他扎根中国的事业追求。国际视角的对比让他更坚信，只有中国人才能解决中国人的问题。服务他人也是成长自己，服务不仅是一种责任，从中收获的成就感和获得感也是持久而深刻的。

"坚守理想，行胜于言"是赵闯对自己的要求。选择基层并不是无知者无畏，而是他遵循自己内心的声音所做出的选择，是即使看清远方困难重重，依然坚守选择，正念精进，不忘初心。

255

CHAPTER

04

第四章

责任担当

郑艺：西北的星空，有我一份点缀

文　曾繁尘

• 郑艺　清华大学能动系 2016 级硕士研究生

郑艺，2012 年进入清华大学能动系学习，2016 年本科毕业后选择本系攻读硕士学位。毕业后，选择位于兰州市的中国航天科技集团第 510 研究所从事研发设计工作，2018 年启航奖金获得者。

他从小生活在黄土高原上，那里有他热爱的土地和亲人。然而比起暖暖的回忆，故乡的贫穷与落后更令他难以忘怀。他暗下决心，学成之后，回家。

郑艺参加学术会议

在清华的寒暑更替了 6 回之后，在能动系的银杏开谢了 6 次之后，他始终还记着那份亲切的执念。他选择了家乡的航天研究所，秉承着能动系对先进动力的追求,秉承着清华人对祖国航天事业的支持,他将在那片熟悉而眷恋的土地上,启航!

黄土高原走出的孩子

东亚细亚的腹地,一派空旷辽远的苍黄。在这片黄土高原上,那些生于斯、长于斯的人们,曾创作出《平凡的世界》等一系列思考苦难的文学作品。有人说黄土高原是中国人的精神高原,而对于郑艺来说,生于西北,成长于黄土高原之上,那里是他热爱的家乡。

郑艺的家乡是甘肃省庆阳市宁县,毗邻着陕西的陇东地区。家乡、家人以及身边的人给郑艺的性格烙上了深深的印记。"我们整个地区还是相对老实的,做事情普遍比较踏实,有时也会缺乏一些冲劲或者是创新能力。"

大一刚来清华时,郑艺有一段时间很不适应,学习和生活上都遇到了挫折,是他的辅导员郭政一直鼓励他坦然对待挫折。而郑艺的导师,同样来自西北的史翊翔老师一眼就看出他身上有一点保守的特质,便鼓励他多做一些创新研究。

"我的导师性格中有西北人的豪放,在老师身上我看到了他作为一个清华老师的担当。"

郑艺的老师经常教育他们,作为清华人,不要只有眼前的这些苟且,还要有诗和远方。每次组会,他总是讲要想做学术得先做好人,作为一个清华学生一定不要把自己只局限于蝇营狗苟,必须尽可能地提高整体思想意识。

"你要意识到,作为一个清华人是有很大责任的,你在清华获得了资源,就有责任回馈社会。"

对于郑艺来说,在清华的学习生涯是一笔宝贵的人生财富。在这里,他收获了知识,更收获了自强不息的精神、厚德载物的品质。毕业时,站在人生的十字路口,周围萦绕着各种各样的纷杂声音,他犹豫了,也彷徨了。但当他静下心来聆听时,他听到了自己内心的呼唤：回到西北去，回到家乡去。这种感觉使他踏实而释然，他明白了自己真正想要的是什么。

郑艺最终选择了位于兰州的航天科技集团研究所，选择投身国家航天事业，选择了西北，选择了那里的星空。

"我将带着清华人所肩负的使命，以前人为榜样，谨记清华的教诲，踏踏实实立足于自身工作岗位，努力成为一名合格的清华人，为国家航天事业，贡献自己的一份力量！"

郑艺在实验室

选择西北的星空

郑艺最初接触到中国航天科技集团第510研究所，是在一次招聘会上。当时他并不是"奔着这个单位去的"，而当他跑去咨询时，对方先提醒他看看工作地点。他一抬头，看到"兰州"两个字，就跟对方说，没关系，我是甘肃人。

选择回到西北前，郑艺对找工作一直感到迷茫，而当他看到中国航天科技集团的工作地点在家乡时,他突然间就感觉到,内心好像有个声音在告诉我,我要回去,我更适合回去,我也应该回去。

"有时候人是跟着别人走的,觉得别人都留北京我也留北京,别人都去上海我也去上海看看,很多情况下并不知道自己到底是想去哪。找工作会看到周围的人的选择,他们的选择肯定会很大程度上左右你的选择。但我内心的声音告诉我要回去,我就明确了这样一个方向。"

郑艺对家乡很有感情,他知道自己也许改变不了太多东西,但他愿意尽自己一点微薄的力量,希望自己能去"尽可能地改变点什么"。

在做出回到家乡的决定后,郑艺和关心他的家人做了许多沟通。有的亲戚觉得他应该留在北京,回兰州"亏了"。而在郑艺看来,回家的选择不只是为了某种信仰,也是符合自己情况的选择。最重要的是,这是他真正想做的。

最初,郑艺在找工作时,考虑的是薪酬待遇、工作地区、各种各样别人的意见……不是问自己的想法,而是先问父母、导师,再问同学们。在这个过程中,他感觉非常迷茫,看了很多单位,也不知道自己到底要去哪。

工作中的郑艺

"直到那天遇到了中国航天科技集团，那一刻我心里突然有些触动，并不是我非要去这个单位不可，而是我突然觉得：我好像不是在为自己在找工作，而是在为别人做什么事情。那一刻我决定停下来，想一想自己到底需要什么工作，想过怎样的生活。"

在一番深思熟虑后，郑艺最终决定了回到家乡。到祖国需要的地方去，将个人发展和祖国建设结合起来。秉承着清华人对祖国航天事业的支持，在那片熟悉而眷恋的土地上开启新征程。

清华是一生的财富

在清华，郑艺的硕士研究方向是电化学利用和转换。而清华对他的影响，远不止学术。

和很多清华的研究生一样，郑艺的一天围绕着宿舍、食堂、实验室三点一线运转。尽管这种生活看起来有些单调，但郑艺却觉得，这种单调里面透露着一种非常大的活力，而不像一些表面充满活力与变化的事物，背后却透露着一种单调。

"我非常喜欢这样的生活，因为它是一种奋斗的感觉。"郑艺很庆幸来到清华完成本科和硕士的学习，他认为清华这个平台带给他的，是更广阔的视野。

"学校对我的影响一方面是来自具体的人，如师长、朋友，另一方面来自我们学校整体的氛围：我看到周围的学生都非常的努力，这也促使了我特别想融入他们，成为他们的一员。我也要特别努力，这样我才觉得没有被落下。"

"我看到周围的学生都积极参加各种社会活动，我觉得我自己也应该去做那些事情，因为我是一名清华的学生。比如学生节、主题教育，这些许许多多的因素，就像是润物细无声，并不是直接告诉你要做什么，它只是一种氛围，慢慢地流淌在你的血液之中，你的思想会在其中慢慢地得到升华。"

清华6年，是郑艺人生中无比宝贵的6年，但他绝不希望这6

263

年就是人生的最顶峰："我希望能借清华给我打下的基础做更大的事业，一方面是对母校的感恩，另一方面也是一种对母校的热爱。"

　　"清华印记在每个清华毕业生身上都会有体现，无论他们到了哪个工作岗位上，无论是去一线城市还是二三线城市，这种融入血液里面的精神都是我们真正的财富。不是学历带给我们什么，而是这种'自强不息，厚德载物'的精神，这是真正让我们的人生能够闪闪发光的东西。"

郑艺个人照

林荣灿：猛将起于卒伍，祖国应当是每个人的志向

供稿　党委武装部

- 林荣灿　清华大学法学院2016级硕士研究生

　　林荣灿，清华大学法学院2016届本科毕业生、2018届硕士毕业生。在校期间，曾任学生军事特训队第一任队长、国防生大队副大队长、训练部部长、六连连长、法学院本科国防班辅导员。带领清华学生军事特训队参加过7次全国军校军事比赛。毕业后志愿前往解放军某部基层连队任职。

训练中的林荣灿

我想当"做大事"的英雄

　　高中时的林荣灿，用他自己的话说就是"一个又胖又圆的墩子"，和现在皮肤黝黑、肌肉线条明朗的他差别极大。"当时全心准备高考，不知不觉就胖起来了。"林荣灿不太好意思地说。

　　高考成绩出来后，林荣灿的家人非常高兴——这个成绩足以让他在清华选择一个喜欢的专业。但是，这个"小胖子"做出了一个让父母老师都十分惊讶的决定——报考清华国防生。

　　"其实我从小就有个英雄梦"，幼时的林荣灿酷爱读书，尤其是英雄人物传记和军史，金戈铁马、纵横沙场的故事深深感染着他。于是，小林荣灿特别爱抱着玩具枪到处"突突突"，俨然一个小战士。

　　到初中和高中时期，随着阅读范围的扩大和个人经验的增长，林荣灿意识到"英雄"并不是简单的个人武力值的问题，真正的英雄一定得是个"做大事的人"。这时候，建国元勋们都是他崇拜的对象。于是，带着这样一个"英雄梦"，林荣灿报考了清华国防生，并进入清华法学院就读。

训练中的林荣灿

尽管还没太想明白什么叫作"大事情",怎样才能成为"做大事情"的英雄,但他觉得进入清华的同时,以进入军队为目标,应该是"做大事情"的开始。

练练练,练为战

在清华大学国防生大队中,每个国防班都是一个"排",林荣灿一来就自告奋勇地担任了排长。继而林荣灿发现,自己面临着一个紧要的任务,就是加强锻炼,增加体能。自己作为排长,每次集体训练都跑倒数第几,实在是"有点丢脸"。于是在每周集体 4 次训练的基础上,林荣灿每天都咬着牙给自己加训。

加训的效果非常明显。不久,这个原本接近 170 斤的"小胖子"瘦到了只有 130 斤;在入学后参加的第一次国防生全能比武中,还获得了全能第五名的成绩。

体能和速度的提升,让林荣灿的训练热情更加高涨。他加入了国防生大队的训练部,并在大三时担任了训练部部长。任职期间,他对每一次训练、每一个同学都严格要求,并明确了请销假的制度。

"我觉得体能虽然不是军队战斗力的全部,但却是每个军人的基本要求。"但是,在具体的管理当中,还是有不少实际面临的矛盾。林荣灿说:"我的做法和要求都是合理的、有据可循的,而且遇到矛盾时也都会先交流,然后采取尽可能正确的措施,所以我不担心'得罪人'。而且最关键的是我对自己的训练要求更加严格,所以也算是做到了'以身作则'吧!"

大三下学期,清华大学国防生收到了"精武杯"军事项目对抗赛的邀请。"精武杯"是全国军校学员军事比赛。每所军校派出一支或者多支队伍参赛,每支队伍必须由 10 人组成。2015 年,"精武杯"首次邀请地方高校国防生参赛。因此,这既是邀请书,更是挑战书。

训练中的林荣灿

　　此时林荣灿"临危受命",挑选了各项体能和心理素质都最为优秀的 10 位国防生,组成了参赛队伍,林荣灿担任队长。然而真正到了赛场上,所有比赛项目他们都几乎从未接触过;比赛的赛制和形式也是全然陌生的。尽管队员们在身体素质方面都是佼佼者,但是在清华的训练受场地和器材限制,形式比较单一,主要是跑步、俯卧撑、仰卧起坐等。而军事对抗赛中的障碍项目、定向越野、宿营、划船等都有严格的标准和较高的技巧要求。

　　正是这次比赛,使得林荣灿的领导能力被激发和锤炼了出来。如何让队伍内的每一个人发挥最大的作用,如何协调队伍内的差距和矛盾,如何做出决断,如何稳定队伍情绪和激发斗志,如何应对突发状况,他在各个方面都面临着挑战,也在各个方面都有着收获。此后,他在此次 10 位队员的基础上建立了"清华学生军事特训队",并带领特训队参加了共计 6 次全国高校军事比赛。有了第一次的经验之后,特训队在此后的比赛中的表现也越来越突出。

　　但也是这次比赛,林荣灿意识到了自己的问题和缺陷。"我们特别渴望胜利,但是因我的能力不足导致了不少差错",林荣灿说,"从那时起,我就觉得,穿这身军装就得有配得上这身军装的本事,就得有打胜仗的本领。""猛将起于卒伍",由此,林荣灿坚定了自己的想法——到基层作战单位去!

训练中的林荣灿

清华教我：祖国应当是每个人的志向

林荣灿最近的训练更加密集了起来。填写了去陆军某部基层连队的就业志向后，他积极地做着体能和心理的准备。

临近毕业，回首 6 年的清华时光，在清华的每一天，每一堂课，每一次讲座和交流，都日积月累地塑造着他、改变着他。

"清华改变了我对英雄的看法。英雄不仅仅是指在军事上保家卫国的英勇战士，像两弹元勋、爱国知识分子，他们都是英雄。真正的英雄要做大事情，这个'大事情'就是把个人的志向和祖国、民族的前途命运联系起来，为人民做贡献。我在来清华之前并没有想明白，是清华教会了我何为真英雄。"

林荣灿印象最深刻的一次讲座，是金一南将军的"与清华学子谈：从民族救亡到民族复兴"的演讲。林荣灿之前读过金一南的《苦难辉煌》一书，早就为这位将军的学识和思想所折服。讲座中，金一南讲道："祖国终将记住那些奉献祖国的人，祖国终将选择那些忠诚于祖国的人。"这句话深深地刻在林荣灿的脑海里。

在清华，林荣灿最感谢的是自己的老师们和战友们。

林荣灿(左一)与队友们

他的研究生导师聂鑫教授,不仅引导着他的学习学术,在他到基层去的理想受到质疑时,也一直支持他、鼓励他;本科时的名誉班主任毕永军将军,和同学们分享自己的从基础战士到少将的从军经历,激励同学们"好男儿志在四方",年轻时不必太过拘泥于物质条件,向着理想闯一闯才最重要;国防教育与人才培养办公室、解放军驻清华大学后备军官选拔培养办公室的老师们,也不遗余力地为同学们提供提升自我的机会;自己的同学们都是战友,他们都在林荣灿迷茫和疑惑的时候,帮助他重拾信心和理想,不断向前。

军队的基层作战单位训练任务重,不少单位条件艰苦。林荣灿曾主动到某侦察连队当兵,锻炼了一个月,几乎每天都累到虚脱。"虽然都说基层苦,但是基层是我认为最能得到锻炼的地方,也是保家卫国最直接的选择。所以那些'苦'和困难也就不算什么了。"他认为,清华告诉他的是"到祖国最需要的地方去",而不是"到自己最舒服的地方去"。

林荣灿最爱的一句诗是:"男儿何不带吴钩,收取关山五十州。"前者,他即将进入人民军队,已经基本实现了;后者,他愿在以后的人生中,不断地为这个目标而努力和奋斗。

林荣灿(右一)与战友

赵玉：担情怀，赴西部

文　肖晶心

• 赵玉　清华大学马克思主义学院2016级硕士研究生

赵玉，马克思主义学院2018届硕士毕业生，2018年启航奖金奖获得者，毕业后赴新疆党政机关工作。

赵玉个人照

到祖国最需要的地方去

2018年7月13日，研究生毕业典礼后的第5天，当大多数毕业生还在回味毕业带来的激动与惆怅时，赵玉将只身背上行囊，前往新疆维吾尔自治区党政机关报到，正式上岗。

去西部工作是赵玉一直以来都有的想法，早在两年前，在贵州

赵玉（右一）作为毕业生代表与邱勇校长合影

大学硕士毕业的他本打算赴西藏就职，但因要到清华求学而放弃。两年后，他再一次义无反顾地选择了到西部去。

在清华的两年，赵玉深深地体会到了自己身为清华人的担当，需要肩负的责任。

"咱们国家也号召青年学生要到西部去、到基层去、到祖国最需要的地方去，我觉得作为一个青年人，特别是清华的学生，你必须得有这种情怀，清华人不担当不行。"

话剧《马兰花开》剧照

清华人有一种情怀，不计较个人得失，为祖国奉献。《马兰花

273

开》中的两弹元勋,上海清华校友合唱团成员的事迹都深深地感染了他,"做隐姓埋名人,做惊天动地事,这是一种清华校友代代相传的情怀特质。我不一定有这些情怀,但我一定要向他们学习。"

许多人因为西部的恶劣条件,望而却步,但赵玉对这些看似恶劣的条件不以为然,反而对自己未来的生活工作显得十分乐观。

赵玉生于河南的农村,是家中三个孩子中的老大,"小时候吃过一些苦,干过农活,家里也不怎么管你,所以没有那么娇贵"赵玉回忆道。于他而言,即使遇到一些不好的情况,他也能忍受并且克服。在他心中认为,新疆、西藏事实上并没有那么可怕,只是急需人才的支持和充分的发展。

作为今年毕业生中唯一一个选择去新疆工作的非新疆本地人,他却从没去过新疆,向西最远只到过西安,但他坚定地相信他能够很快适应那里的工作,投身新疆的发展事业,并立志"短期内不会离开新疆",要长久驻守在这片土地上。

"我一直想上清华"

赵玉拥有三个学位,对应着三所不同的大学和三个不同的专业,河南理工大学的交通工程本科学位,贵州大学的岩土工程硕士学位和2018年夏天拿到的清华大学马克思主义理论专业的硕士学位。

工科硕士毕业后转而攻读文科研究生的决定在旁人看来也许有些难以理解,但赵玉斩钉截铁地解释道:

"我就是一直有上清华的想法,本科生考不上研究生一定要考上。"

本科毕业后,赵玉报考了清华的岩土工程研究生,却遗憾落选,最终到贵州大学继续读研。这期间,"上清华"的念头一直在他脑海中挥之不去,于是,他大胆地决定再考一次,报考马克思主义理论专业。

"主要是准备马克思主义基本原理、毛泽东思想和中国特色社会主义理论这两门专业课考试，为此，我在寝室看了整整一年的书。"

最终，他成功地考上了该专业的研究生。而在那一年，马克思主义学院通过考试只录取了两位研究生。

赵玉参加马克思主义学院的学术论坛

"我父母文化水平不太高，学习没人管，也没有人指导。本科的学校并不是很好，但也一直努力，向目标迈进。"身边的环境并不算理想，但赵玉在弟弟妹妹相继辍学工作的情况下，一直坚持读书，怀着坚定的信念，迈进了清华，实现了梦想。

来到梦寐以求的学校，生活也要照样展开。"忙碌"，不少清华人的常态，也成为他总结这两年硕士生活的关键词。"每个阶段都有不同的事情，上课、做慕课助教、找工作、写毕业论文，不过我很少参加学校的活动"，在看似单调却繁忙依旧的生活中，赵玉在各方面都有了收获，更重要的是，在清华的这两年带给了他的心态上的变化。

"以前会仰视清华，觉得清华的人很厉害，而自己挺差劲，但在清华学习的这两年，心态开始转变，有了自信，觉得自己也不差。"

"正视自己"，是赵玉在他的梦想之地清华得到的宝贵财富。

"我是一名党员"

来到清华后他加入了学院的研团总支和硕士生党支部，并在硕士生党支部中担任过一年的组织委员。在"又红又专"的氛围里，他进一步地加深了对党的理解，并且逐渐增强了自己的党性。

"组织上入党只有一次，但在思想上入党则是一个很漫长的过程。"赵玉在本科期间就成为一名预备党员。当时的他，入党动机和目的算不上特别明晰，更多的是"跟风"，看到别人入党，自己也想入党。

来到清华，担任组织委员的经历让他认识到了清华发展党员的严格，"发展党员时是对发展对象刨根问底的，而不是嘻嘻哈哈走过场"。

这让他逐渐开始认真思考自己的入党动机——其实就是一种十分单纯的动机，"既然是党的一员，你就要为党产生一些积极的影响，不能去破坏党的形象，必须以身作则，意识到你是党员，用自己的言行举止去影响身边的人，让他们能看到这是一个正确的党，很不错的党"。

怀着一颗充满党性的心，赵玉将从学校走向新疆公务员的岗位。

"我一直以来就有做公务员的想法，但不是为了以后要做特别大的官，我觉得首先做官是一种手段不是目的，在其位谋其政，通过手中的权力能够实实在在地为老百姓做一些力所能及的好事。"这与他的入党动机不谋而合。

谈及未来具体的工作，他表示可能是在党政机关做一些文书性的工作，也可能"驻村"，去一些贫困村，打"脱贫攻坚战"。对他来说，看似艰苦的"驻村"反而会是宝贵的基层历练经历。

"对基层有了更加深刻的认识之后，才能了解中国最真实的情况。你在上面的时候看不到下面是什么样，但是你在下面待过，再回去的时候就不至于雾里看花，看不清楚。"

研一暑假他和同学去吉林省靖宇县挂职实践的经历让他对此深有体会。之前只见于《人民日报》所批评的"形式主义"现象，赵玉在一个月"走马观花"地随乡镇领导走访农民家庭的过程中，才深有感触和体会。基层领导疲于应对各级各方检查，却又面临着脱贫、防洪等诸多重担。

赵玉在靖宇县实践时，参观杨靖宇将军殉职地

未来的工作也许就像那次实践一样，充满了挑战，但他眼神坚定，已经做好了准备。

赵玉庆幸自己能成为清华的一员，在到达这个梦想之后，他会继续努力去实现下一个梦想，他将从这里扬帆启航，在新疆探索自己新的梦想，不论顺逆，一步步坚定地走向远方。

王政：做和英雄并肩战斗的人

文　郭梦柯 岳颖 王琦 钱莹莹

- 王政　清华大学环境学院 2013 级博士研究生

王政,清华大学环境学院 2018 届博士毕业生,毕业后前往西藏自治区从事基层工作。

王政个人照

2017 年 7 月,35 岁的王政第一次来到西藏。

登上千山之巅的世界屋脊,刚下飞机的时候,正值盛年的他觉得高原反应不过是说说而已。到了酒店,从车上往下搬行李到电梯仅仅二三十米的距离,就让他靠在墙上直喘粗气。

和身边游客们的担心不同,王政的身体能不能适应,将决定着他能否做好一名进藏干部,扎根基层,服务藏区百姓。

"要来到西藏扎根了"

"一个让人心灵纯净的地方",这是王政之前对西藏的全部印象。拉萨的蓝天掬一捧可以洗脸,山口湖畔的五彩经幡每一次飘动就是一次诵经。但是,来到这里工作意味着要和亲人分离。等王政进藏,他每年只有不到两个月的时间能见到自己的儿子。

王政的儿子在清华

初到拉萨,王政见到了此前进藏的校友们。大家开开心心地聊着这些年的工作发展,酒过三巡却统统抹起了眼泪,一帮平时顶天立地的大男人全都哭得稀里哗啦。虽然为理想拼搏的过程干劲十足,可上有父母,下有子女,每一个进藏干部都深深牵挂着家里的老人和孩子。

王政也回忆起自己做出进藏决定后跟6岁的儿子交流的情景:"我们爷俩聊天的时候,我就跟我儿子说,爸爸可能没法长时间陪在你身边,是爸爸对不起你,但不是说爸爸自己没想清楚就把下一代也拖进去,这是爸爸想清楚了的选择。人得把自己活明白了,爸爸希望你将来也能有自己的坚持。"

王政出生在山西左权的一个农民家庭。七十多年前,彭德怀、左权、刘伯承、邓小平等老一代革命家就是在这里的八路军总部运筹帷幄,指挥着华北军民的抗日斗争。左权将军牺牲于此,山西人民为纪念左权将军将此县更名。王政有位本家叔叔是一名老党员,虽然没念过什么书,一言一行里都深刻地体现出老共产党员的风骨,深得村民的敬重。

自幼熏陶于这种浓厚而朴素的氛围之中,王政对党的情感渐渐萌生,中学时他就开始大量阅读一些相关经典理论著作,上了大学之后对于党的基本理论、历史与追求则有了更加系统的了解。

王政回忆起和叔叔讨论入党时的情形:"我和叔叔说,我想入党。他说,想入党的人很多,可你得想清楚,如果不给你当官也不给你发钱,你还想不想入党? 想清楚了,你也就不用再问我了。"

王政在拉萨

来清华读博士之后,王政更加感受到清华中党员群体的不同,"党员即是旗帜,党员就是模范",在求真务实、以天下为己任的科研作风中,在日常生活的点点滴滴中,王政都感受到班里党员的示范作用。在清华"又红又专"的氛围中,2013 年 9 月,王政提交了入党申请书。此后因为出差错过了积极分子的集中学习，王政于是在2015年再一次提交入党申请书，2017年4月12日，王政被党组织发展成为预备党员，并于2018年4月26日成为一名中国共产党正式党员。

扎根基层的种子

王政本科学的是计算机。2004年本科毕业后，他进入一家外企工作。那时候环境问题特别严重，他至今还记得自己出差的时候，坐在火车上常常能看到乌黑的河流。怀着对环境问题越来越深的忧思和热情，2009年，王政做出了一个"离经叛道"的决定——考研，考的还是和本科所学毫不相关的环境专业。

考入同济大学环境工程与科学学院后，他上完研究生的课还去上本科生的专业课，补充环境化学、环境监测等专业知识。王政越发觉得，环境问题的解决，不仅仅，甚至远远不是技术进步能够做到的，而是与基层治理和政策制定有关的系统性工程。

毕业后选择去基层工作，并不是一时兴起的决定。事实上，王政对基层工作一直有自己的理解。硕士毕业后，王政觉得做环保工作很有意义，想当一个接地气的环保专家。毕业后王政进入山西省环保厅工作过一段时间，参与农村环境连片整治项目，经常到负责的几个村子里走访，在一个村子的经历对王政触动很大。

王政走访的那个村子基础很好，上级政府想让这个村子做示范村，可村里的老书记却始终不愿接受，也不要上级拨给的资金。几次沟通后，老书记终于和王政说了心里话："上级政府定示范村本是好意，在基层执行的过程有时却会走样，最终示范村反而会加重村民的负担。"

临走之前，老书记对王政说："娃，你是念书的，以后要是当了官，多往下面跑跑，办公室里可弄不懂村里的事，别把好事弄坏了。"这次经历，对于刚到基层工作的王政无疑是一种打击，但也是

281

一种触动，对于日后的选择来说，一颗种子已在这时悄悄埋下。

来到清华读博深造期间，王政一直担任班长，几年下来把班级荣誉都拿了个遍，学院老师开玩笑地对他说："奖项都被你们拿了，你也得照顾照顾新生班级的感受啊。"临近毕业，王政收到了就业中心推送的报名西藏选调的信息。王政回忆起当时的心情："心里一下子就安静了，好像未来的人生和事业清晰了。"

也有朋友说王政太过理想，但王政心里却清楚得很，清华培养人不只是为了享受一种惬意舒适的生活，还要让清华人承担起为民族为国家的责任。自己从基层走出，多年的经历也让王政不断地加深着对基层的了解。基层需要这样的人，自己有一定的能力，更有责任去为基层做些事情。于是，王政决定去到国家最需要的地方。

王政（左五）在博士论文答辩会

跳出农门，回到基层

2017年，王政做出了报名西藏选调的决定，这个决定也得到了导师和学校领导的支持与鼓励。在王政看来，环保领域与基层工作具有相通性：环保领域是通过技术、工程来解决市场的外部性，涉及公共利益的保护，而公共利益正是基层工作关注的重点。"从事基层工作可以说是我原来职业理想的升华。原来是为了绿水青山而奋斗，现在不仅是绿水青山，还有国计民生。"

王政出身农村，打小就帮家里干农活，喂马、和泥、当小工，什么活都干过。这样的成长经历养成了他踏实肯干的性格。从村里走出来的他深深地觉得，做基层工作最重要的就是放低姿态，走进群众，不要太把自己当个人物，就是普普通通老百姓，要把自己放得低一点、再低一点。

"清华大学这四个字是个放大镜，会放大你的所作所为。你要是做得好，人家就会说，清华的果然不一样；你要是做得不好，别人就会说，清华也不过如此。"王政这样看待自己清华毕业生的身份。

新时代，新机遇。王政也有自己的英雄梦。但他觉得，追求理想的路上，不要面对利益患得患失，也不要自以为是、好高骛远，最重要的还是放低姿态、踏实做事。"人人都想成为英雄，但不是每个人都能做英雄。我们可能就是英雄身边的一个小兵，如果有幸能跟着英雄一起上战场，并肩战斗、奋勇拼搏，将来能够自豪地追忆往事，这就足够了。"

为了能和藏区百姓更好地沟通，王政正在阅读有关西藏的论文和书籍，同时也在努力学习藏语。虽然藏民大多听得懂汉语，他仍然认为这很有必要。"让藏民说汉语，可能比我说藏语要容易。但这样就生分了，变成人家贴近我，努力让我明白，而不是我贴近人家，和百姓心贴心。如果我能用藏语说上几句贴心话，哪怕就是问问吃饭了没有、睡得好不好，也是我在靠近藏区老百姓。我是要在这里扎根的。"语言关、生活关、思想关，关关要闯，融入藏区，融入百姓，做好工作，要做的事情还有很多。

对王政来说，藏区的基层工作是从零开始。只有在实际中深入了解藏区民俗和内地的差异，结合自己过去在农村的认识，不断积累经验教训，才能逐渐摸索出合适的工作方法。

283

王政在环境学院

争取为祖国健康工作五十年

有人问王政，读完博去基层工作，那读博念的书还有用吗？王政觉得，读博期间扎实的科研训练培养了他发现、分析、解决问题的能力，特别是基于文献调研进行分类汇总、分析建模的思维模式。水污染的规划治理要考虑多方面的因素，基层工作更是如此，一定要以问题为导向，关注科学性和可行性。

此外，博士期间广泛的阅读涉猎也使他积累知识、独立思考。"不管什么时候，书一定不要落下。可以先给自己定个小目标，比如一年读20本书，坚持到博士毕业，就能读上百本。"王政自己很喜欢历史，就先看通史，再到国别史，断代史、战争史。理工科出身的他也很喜欢经济、科学史相关的书籍。他希望学弟学妹们也能多读书，珍惜学校的读书氛围。

在清华五年的学习生活，王政也努力践行"为祖国健康工作五十年"的号召。他喜欢打羽毛球，最近还和学院里打羽毛球非常厉害的温宗国老师切磋了几把。王政前两天在朋友圈里晒了陪伴自己8年的羽毛球拍，而这副球拍就要"功成身退"了。等到了高原

王政在寝室过生日

地区,像羽毛球这样的运动将会受到限制,虽然要放弃喜爱的运动,但理想的甘甜激励着他,他并不后悔。

这些年来,王政觉得自己最大的改变是在理想和现实的选择之中,有了坚持理想的底气,有了付诸实践的动力。王政对还未毕业的清华同学也有着自己的期待:"许多同学也许都不太清楚自己要做什么,一窝蜂地干这个干那个,我想和大家说的还是理想主义。清华的同学其实并不需要担心生存,做什么都能活得很好,我们更应该思考自己想要什么。如果这个目标不搞清楚,那么你总会后悔的。在你设定的目标中,理想必不可少。"

周崇武：行己有耻，使于四方

文　陈缘

• 周崇武　清华大学法学院 2015 级硕士研究生

周崇武，湖南衡阳人。2015 年，从华中科技大学经济学院保送进入清华大学法学院攻读法律硕士。2018 年毕业后，成为选调生前往河北省人民政府办公厅工作。

周崇武个人照

"首先是找到自己的理想，找到自己真正想做什么，然后问问自己合适吗，再考虑清楚自己要放弃什么。"周崇武遵循自己的心之所向，最终做出了选择——投身公共事业，成为一名选调生。

"这就是我想要做的。我的理想、抱负是根本的动力，但我做出这个选择并不仅仅因为这些，它背后有一个更全面的思考，是基于对自己的认知而做出的理性选择。"

七年，把情怀做成事业

2011 年，刚刚结束高考的周崇武在机缘巧合之下成为家乡助学工程的一名志愿者。而这条公益之路，一走就是七年之久，即使遭遇困难，也不曾停下脚步。用周崇武的话来说，"这是一种责任感、使命感"。

这次助学工程志愿者的经历，给了周崇武很大的触动。"当时去考察和帮助的对象都是我的同龄人，跟我一届高考，他们的成长过程非常辛酸。如果能为他们做点什么，我就尽力去做。"高考后的暑假，周崇武和团队成员实地走访了衡阳市几乎所有乡镇村庄，把助学金交到最需要的人手中。从那时候起，周崇武带着一种朴素的感动开始帮助更多的同龄人，在读大一时就成为这个公益项目的主要负责人。

2013 年，这个持续十多年的助学项目由于捐赠计划的完成，面临转型，需要打造新的项目，建立新的模式，寻求新的资金来源。而这个担子压在了刚步入大学不久的周崇武的肩上。尽管困难重重，但他和他的伙伴们却倔强地不想放弃，不想辜负大家的信任。

缺少了大额资金支持，周崇武就从零开始，从以资助为主向以服务为主转型。他抽出课余时间，到处游说，希望从政府、企业家、学校、家长处获得理解，争取支持。"让别人去理解你，不是让他们觉得你是在做一个学生去体验生活的事，而是让他们知道你是真正想做好一个长久的项目、做一份对家乡有助益的事业。"

"那时很困难，感觉没有出路。第一笔资金，我们 4 个小伙伴每人凑了 3 000 块钱，很多时候都是志愿者平摊费用。"为募集资金，周崇武和伙伴们在商会年会上拍卖过字画，参加各种公益比赛赢取奖金，还主动联系社会各界人士，可谓是用尽各种手段。到如今他回忆起自己的七年公益时光，觉得最艰难的还是最开始转型的这段日子。

七年时间,周崇武建立了偏远山村长期支教项目、关爱留守儿童夏令营,捐建了图书室,进行了乡村小学阅读推广,从事过高考励志巡回演讲,还打造了高三毕业生南雁学子计划等多个品牌项目,数万名家乡学子受益于此。如今,周崇武发起的南雁公益致力于打造创新型的本土化青年人才成长服务平台,已经获得了多方关注和肯定,被纳入衡阳市青年人才计划工程,在更高的平台上让更多青年学子获得来自家乡的支持和温暖,再由他们来回馈家乡。

周崇武进行南雁公益志愿者培训

研究生期间来到清华,周崇武的公益之心施展得更为顺畅。他在研三时开始担任清华大学学生湖湘文化交流协会会长,为湖湘文化在清华学子中的传播传承做出努力的同时,也把湘协发展成为了一个公益平台,整合湖湘各界公益资源和各大高校的学生公益力量,投身于家乡的教育公益。

"我们计划在湖南的14个地市州建立定点长期支教服务点和社会实践基地,我们倡导清华的湖湘学子在本科阶段都能完成一次对家乡偏远落后地区的支教。今年我们建立了3个点,衡阳、永州与湘西,接下来由师弟师妹接力,用几年时间,我们就会覆盖湖南全省。"周崇武对这些项目的进展了如指掌,他相信,这样的爱心接力,一定能够"移风易俗、陶铸人才"。

这七年的"创业"过程中,周崇武自己也在飞速成长,他的情怀和事业在家乡扎了根,他的社交能力和独立解决问题的能力也在无数次考验中与日俱进。"刚开始做公益,并没有考虑日后如何,仅仅是出于责任和感动,而现在看来,这是对我来说最合适的选择。"

扎根基层,是最大的公益

周崇武在决定成为选调生之前的目标是成为一个律师或者投资家,以自己的专业能力安身立命,用更多财富来推动公益项目的进行。"但我心底一直有从事公共事业的种子,我每年都会去农村跟留守儿童在一起,我对基层、对乡村的感情不是冲动,而是基于真实的经历和七年付出的心血。"

人天生不想孤独,周崇武在清华找到了更多志同道合的师友,他们相互激励,让从事公众事业的种子逐渐成为自己的人生追求。"清华的校园环境时刻都能让你感受到厚重的历史责任感,而且有一帮心怀家国的同龄人让你觉得,你也应该这样去做。"

To be, or not to be, that is the question.

在清华法学院的 3 年,周崇武一直在寻找答案。他知道,这七年的公益事业尽管已经帮助了上千名留守儿童与贫困学生,但相较于解决整个社会所面临的问题,这仍然只是杯水车薪。

"扎根基层,是最大的公益",这是导师高西庆教授给他的回答,"一个乡镇书记可以影响几万人,一个县委书记能影响几十万、上百万人。如果有更大的平台就能去做更大的事情。"

在清华法学院读书期间,高西庆教授的言传身教深深地影响了周崇武。不仅因为高老师对中国改革事业和社会公益事业的竭力付出,更因为他的人生格局和为人处世之道。提到高老师,周崇武难掩对这种真正精神与生命意义上师徒之情的感激:"我一直以高老师为榜样,他给我一种强大的动力,让我从小我中解放出来,走向大我,我希望自己无论去到何处、处于何境,都能带着老师的

289

周崇武(图右)与导师高西庆(图左)合影

精神、格局、气度去生活,去奋斗。"

　　2017年夏天,周崇武随导师前往西藏阿里地区进行公益调研。本来已经买好机票,高老师为了替公益组织节约经费以用作对藏区孩子的资助,就和大家一起坐了40个小时的卧铺进藏。"高老师在火车上特别开心,带着我们唱他那个年代的歌。"周崇武常被导师的赤诚和谦逊所触动。

　　"当时老师已经年近65岁了,尽管经历着严重的高原反应,高老师依然和一群年轻人在西藏平均海拔4 800米的地方四处走访。但我们都能感受到老师是真正的快乐,有时候像孩子一般纯真,这种快乐会让我思考人这一生的意义和最后的归宿。"

　　我能赚多少钱?我会享受到怎样的物质生活条件?这些考量在周崇武看来并不重要。"人不能做单纯工具理性式的选择",把践行价值观所带来的快乐和成就感折算进"人生的意义"这个效用函数,才是基于价值的理性选择。周崇武认为:"人这辈子所谓的成功,就是最大限度、最有效地去践行自己的价值观。"

　　抛去功名利禄,纯粹地教书育人,是高老师如今的诗酒田园;而服务于公众福祉,是周崇武在拨开眼前迷雾后,认定的凌云之志。

　　研二下学期结束后,周崇武决定做一名选调生。在此之前,他已经做好了充分的心理准备。

第一，是忍受物欲。周崇武当然知道这条路一定不会富有，但他把天平倒向了对人生意义的追求。"许多获得感和价值感都不是纯粹赚钱能够带来的，能让自己每天拥有充满激情的生活状态，才是我所需要的。"

第二，是忍受孤独。周崇武清醒地认识到，基层社会很现实，它不一定讲情怀，而是讲办法。"把工作干好，才能兑现自己所设想的那些价值层面的成就感，这一点上一定要有实践智慧，这是最大的考验。"这个过程中，理想必然要承受孤独，因为大多数人想的还只是一日三餐。

最后，是对时代和自我的认知。周崇武丰富的公益经历，给他足够的能力和自信，去应对即将到来的基层生活。"如史宗恺老师所说，基层并不必然需要我们，但我们需要基层。"周崇武相信，在公务员队伍中的历练经历，将成为他宝贵的人生财富。

291

"成为选调生，从来不是一个攻苦茹酸的选择。它是基于我对时代的认知，对自己的认知而做出的理性选择。我充分了解自己将要承担的责任，但也不觉得自己放弃或牺牲了什么，这是我的最佳选择。"

在平凡中安顿精神志向

清醒地认识到你是谁，把每一件事做好，总会有一天能找到属于你自己的位置。

周崇武便是如此。他爱运动，也爱阅读。一动一静，恰好安放着他向往自由与安宁的内心。他喜欢抽出片刻时间，一边感知着自己喜爱自由的灵魂，一边催动身体去追逐自己的目标和理想。

周崇武曾在朋友圈分享过一则自己写的题为《自画像》的小诗，其中一部分这样写道："我留不住你/也抓不住风/只是，你走过/便对远方动了温情/正如，风拂过/对自由生发了情念。"

周崇武生活照

"只有当你困于世俗的时候,才会渴望那种闲云野鹤般的自由,但那不可能成为生活的常态。"周崇武是冷静而自制的,他知道自己的志向不是诗人,而是儒家核心义理结构"内圣外王"定义的"士大夫"。他在理性和感性之间寻找着平衡点,也乐于"以出世之心做入世之事"。

毕业后,周崇武将正式赴河北省政府办公厅报到,在京津冀协同发展战略下,迎接他的是另外一个更为广阔的平台。

以基层工作者的身份踏入社会,"清华"的头衔将让他接受更为严苛的考验。"我不希望自己带着光环去工作,而是真正融入当地的工作环境。"周崇武依然冷静而自制地分析着自己的定位,脚踏实地是他对自己的告诫。

"工作之后,我希望自己还能时时仰望星空,不能陷于工作中的人与事而停止阅读、思考,志向不能困顿、精神不能倦怠。"周崇武扎在泥土里汲取养分,渴望在基层实践中真正地理解和深刻把握中国的问题,积累实践智慧,并且不断学习,不断进行思想和理论的储备。思考探索新时代中国问题的解决方案,这是周崇武对自己的期待。

安于平凡,却不安于平庸。周崇武不断提醒自己:"适应环境有个过程,更可怕的是安于环境,还是需要不断走出自己的舒适区。"他常告诉自己,要成为一个精神上独立而高贵的人,安顿好自己的精神志向,而不在欲望里随波逐流,同时有能力、有办法解决实际问题。

为士者,行有己耻,使于四方。周崇武正沿着自己的志向,砥砺前行。

李俊：藏区海拔 4 950 米，这名消防员
要做一名"帕灯村村民"

文　龙新力

- 李俊　清华大学公共安全研究院 2014 级硕士研究生

"诗人写道，一座旧城是岁月里漂泊的游子，行囊里尽是沉甸甸的故事。"

2016 年，一位清华学子在其硕士学位论文摘要的开头，这样落笔。

用这篇名为《老城区治安和火灾风险分析——以景德镇市老城区为例》的论文作结，这位消防员完成了在清华的 3 年硕士时光，像他自己所写的那样，背上行囊，漂泊到祖国西南，开始了为期 3 年的援藏生涯。

他，就是李俊。

李俊个人照

2014年，已经工作的李俊考取了清华公共安全研究院的安全工程硕士，毕业后，在日喀则市吉隆县，他作为消防官兵中的一员工作了两年。而现在，他将继续援藏生涯，作为驻村队队长到切热乡深度贫困村帕灯村开展全新的工作。

帕灯村：从"消防人"到"村里人"

2018年7月16日，周一，上午9时，帕灯村举行了每周例行的升国旗仪式。刚来村里几天的李俊用着蓝牙音箱放着国歌，几个会哼国歌曲调的村民便跟着嗡嗡地唱了起来。小孩看到李俊和其他队员站得整整齐齐，也跟着站得整整齐齐。

李俊带领村民们升旗

当天下午在村委会会议室召开的驻村工作队新队员介绍会暨重点工作部署会上，新任队长李俊当着村委和驻村工作队面说："我坚决以一名帕灯村村民的身份融入村集体。"

李俊现在的微信昵称就是"帕灯村村民"。

驻村队总共 4 个人,除了李俊外其他 3 个都是本地人,而李俊和村民的沟通也只能通过这 3 位队员完成。李俊和同去援藏的队友住在一起,四个大男人饭得自己煮,菜得自己烧,日常起居都是个挑战。最开始他们买菜都碰到麻烦,买多了一放就坏掉了,洗碗刷锅也得轮流来——一切都得适应。

帕灯村是切热乡 6 个深度贫困村之一,也是今年刚刚新增的脱贫点。换句话说,"这里脱贫条件属于零"。帕灯村一缺净水,二未通电,三没信号,基础设施相当薄弱。到了帕灯村后,李俊和队员们的生活用水,基本靠购买的瓶装水,移动信号台也得靠太阳能板发电维持。

李俊在帕灯村的住处

约定采访时间时,李俊很担心天气的变化。他说,如果下雨或下雪,村里基本就没有手机信号。网络也很差,他笑言,玩《王者荣耀》时,"十把能掉九把"。

村里的道路修得都十分简陋,没有排水系统,路面也只有薄薄的一层水泥,水泥层下面就是泥土。积水一下渗,路段就会下沉。几天前一场大雨冲毁了道路,李俊便立马带领着大家进行摸排,和村委会讨论制定了"增设涵管，局部修复"的解决方案，一等到天气好转就在路面下水泥增设管道排水，部分冲毁道路已经进行了修复和加固。

新时代干部驻村有"七项重点任务"，干部不仅充当着政策宣传员、思想指导员的任务，又要着力改善村民生产生活条件，助医、助学、助困——一样都不能少：帕灯村的藏语宣传册子，李俊挨家挨户分发；帕灯村缺药，李俊带领驻村工作队成员动手建立了临时医务室，而药品都是从西藏消防总队"化缘"来的；帕灯村缺水，李俊就着手筹集资金建设水井，以解决村民吃水困难的问题。他还拉来了还在旅行中的朋友，清华水利系 2013 级博士、黄河勘探设计有限公司工程师明广辉，去帕灯村做了山洪灾害防治专题培训讲座。

驻村队与村民见面会暨"四讲四爱"群众教育实践活动专题宣讲会

和其他脱贫点不同，帕灯村属于纯游牧村落，人员不确定，牧民的受教育程度更低，生活方式也有很多落后的地方。扶贫任务里，有一项就是倡导现代化的生活方式。而要完成这个任务，李俊把重心放在了教育上，期望下一代能拥有良好的文化素养。

整个帕灯村总共只有 54 户，贫困户就有 11 家，全村在读学生

34人，辍学3人，至今没人拿到高中文凭。"要重视教育，不能说你读了书之后又放羊，要慢慢地让小孩从事其他的职业，不能一家循环地放羊，"李俊是这样想的，"扶贫先扶智"。

正值暑假，李俊和队员们自发组织起来，给因父母外出牧羊而留在家中的20来个孩子辅导作业，顺带还要教普通话——帕灯村由于语言不通带来的闭塞给李俊留下了太深的印象，他要做出改变。

用李俊的话说，到了帕灯村，他就从一个"消防人"变成"村里人"了。援藏的前两年李俊在吉隆只需要做消防工作，而到帕灯村要考虑的，"就是怎么带领村民发家致富，怎么去帮助老百姓做点小事。"工作内容完全变了。

当李俊联系水利局和漫山遍野寻找放羊去的学生时，距离他踏上帕灯村的土地，还不到两个礼拜，而距离他走出清华园，已经两年。

帕灯村的牧民在放羊

清华园：硕士加持的消防员

2009年，从江西师范大学数学信息学院统计学本科毕业的李俊,怀抱着从军梦毅然选择了消防,来到了景德镇。2014年,出于提高自身业务水平的考虑,工作5年后的李俊来到了清华公共安全研究院,攻读安全工程硕士,主要方向是消防安全。

清华的学习氛围让李俊感慨"确实不一样"。李俊的班上有不少高级别的团级干部,他们年龄较长,资历更高,却天天上自习室学习。"有的同学已经做了父母,家里的事情自然不能撂下,但是他们认真学习的那种精神确实是在其他地方看不到的。"

在清华体会到的专注的学习氛围极大地影响了李俊。他说,因为清华,在之后的日子里,有什么想法,他都会专注地一直往前,直至实现它。

李俊参加清华马拉松

选择加入援藏项目,是因为一次进藏旅行埋下了种子。

李俊2015年的时候去西藏旅游过一次,被幻美的纳木错、蓝天、雪山与在大昭寺和八廓街叩拜的人们深深吸引。凌晨的大昭寺,前来的人们三步一叩拜,让人震撼。从西藏回来后,他始终忘不掉那里宁静的生活和朝拜者们坚定的信仰。2016年消防总队援藏项目选拔开始,刚完成硕士论文中期答辩的李俊抓住机会报了名。

他的心愿实现了。援藏干部选拔,各市报名者踊跃,经过层层筛选,最后全省只遴选出了4位,李俊便跻身其中。最终,李俊如愿以偿地来到了日喀则市吉隆县消防大队。

蓝天下的大昭寺

吉隆县: 始于情怀，忠于虔诚

在来到帕灯村之前，李俊首先在吉隆消防大队任职。吉隆是个毗邻尼泊尔的边境县城，也是中国国家一类陆路通商口岸，总人口仅一万人（2003 年数据）。2015 年 4 月 25 日的 8.1 级地震，使得吉隆口岸遭到了严重损坏，直至当年 10 月 13 日才恢复通关，而同时被毁的樟木口岸至今仍未开放。

震后的吉隆县持续加大重建力度，而各项新建工程如雨后春笋。李俊在吉隆县的两年，负责的就是多方位构筑社会面防火墙。"执法规范化"——这是李俊在吉隆的工作核心。上任之后他才了解到，吉隆县城的建筑防火基础薄弱，同时真正全职参与防火工作的只有他一个人。

从游客变为工作人员，李俊真正发现了基层建设的不足和巨大改进空间。根据大队执法队伍实际，他主责肩负起了大队消防监督、建设工程消防行政许可、开业前检查等诸多职责。通过不断地请教和自学，李俊慢慢地上了手，执法档案也逐步完善，从质到

李俊开展"走村入户"调查工作

量都得到了突进,到最后他离开时执法档案数已达七八十份,在支队档案考评中多次受到表扬。

边做手里的工作,李俊还边想着如何将自己的工作发扬传承下去。"基层工作的核心在于培养,要多花心思去培养官兵,形成一个'传帮带'的良好队风。"

由于人手紧缺,除了本职的执法监督工作外,日常的大队参谋、政治教育、部队管理的工作都有李俊的身影。经过大队全体官兵的努力,吉隆县大队去年在全藏 72 个县级消防大队中脱颖而出,被西藏自治区评为 2017 年十九大消防安保先进集体。

在工作成绩显著的背后,李俊经受着世界屋脊的风霜历练。来到吉隆的头一个礼拜,高原反应让他每天凌晨三四点钟就醒来,头痛欲裂,"感觉就是不在状态,人比较萎靡,走路也不敢走快。"两年时间,李俊只有过年的时候才能回家与家人团聚。

援藏的日子让人坚强,也让人单纯。这一场心灵的修行,是他来到这个地方的初心。

"我们有时候从城市过来难免有些浮躁,而当地人明明做着极为简单的事情,但却做得非常开心,这种单纯的快乐也影响着我们。"

李俊说,他很喜欢藏区人民打招呼的方式,虽然他们嘴里的藏语他听不懂,但是感情能透过语言的障碍直入人心。"有的人对你笑了一下跟你打了个招呼,另外一个说你踩到牛粪了,有的人会说扎西德勒,有的会跟你挥挥手笑一下。"这样的场面让李俊觉得非常温暖。

"在西藏,随处可见非常原始的,非常简单的,但是非常直达心灵深处的事情",他用3个"非常"来感慨。

五月的吉隆/李俊摄

怀着一腔热血,李俊的第3年,也是最后一年援藏在帕灯村开始了。

"我觉得每一个时代都要有一部分这样的人,没有这一部分人是不行的,必须有一部分人走在前面。"在李俊百看不厌的电视剧《恰同学少年》中,毛泽东等青年求学时期的故事给了他不少共鸣,风华正茂、激浊扬清的青年们令他激情澎湃。

朋友明广辉也说,李俊"有点像蔡和森,有热血有担当,做事非常踏实认真,是优秀的共产党员"。

"援藏两年心态最大的变化,就是能更好地与自己积极对话,在身体与心灵中保持自我。少了些浮躁,多了些踏实,活出平凡真实的自己。"

李俊写下来的文字总是很诗意,却又很热血。"当脚印一步一步踏上遥想的远方时,时光如水漫过你每一寸肌肤,浸入人生的宽度和厚度。"援藏的意义,对外来说是贫困村的条件改善,对内来说则是奋斗本身。

出发去拉萨培训的前一天下午,李俊收到了将要被派去驻守帕灯村的消息,他激动不已,发了一条带了3个感叹号的朋友圈:

"即日起,做一名帕灯村村民!与全体村民一道,共风雨,同成长!奋斗路上,一个都不能落下!"

而对西藏充满热爱和赤子情怀的李俊也深知,个人的力量终究有限。他和队友们更希望,驻村脱贫攻坚的事业能得到社会更广泛的关注;希望在整个社会的共同努力之下,位于西藏西南部的这片广袤苍劲却又鲜为人知的边远牧区,能够早日脱贫,共享改革的繁荣与硕果。

清华研究生支教团：深入基层支教育人，书写别样精彩人生

供稿　校团委实践部

今天的《新闻联播》以"深入基层支教育人，书写别样精彩人生"为题，报道了清华大学研究生支教团的志愿者们扎根中国大地，通过丰富多彩的形式进行教书育人的故事。

刚刚开学的西藏职业技术学院迎来了4位新老师。他们是清华大学研究生支教团的成员，将在这里进行为期一年的教学。清华的经典教学案例被他们带进了西部的课堂，一次90分钟的课程，他们每次都要花上一整天备课，还要反复讨论，让其他支教队员当"听众"、提建议。

研究生支教团队员杨钊

"很多学生基础相对较为薄弱，其实我们在课堂上更多地引用一些实例教学，包括引入一些德育，在这个平凡简单的实例中告诉他们，我们要怎么样去做人，怎么样去做好事情。"——清华大学研

究生支教团队员杨钊

　　每周,清华大学研究生支教团负责的"老西藏精神学习与传承社团"定期组织学生参观博物馆、举行读书会,感受老一辈建设者那段艰苦而光荣的岁月,让那份拼搏、奉献的精神入脑入心。

研究生支教团队员罗锦郎(右二)

　　"老西藏精神讲的是什么? 是讲特别能吃苦、特别能战斗、特别能忍耐、特别能团结、特别能奉献,它的时代内涵永远不会变。对于我们年轻人来说,我希望大家能够一起共勉,能够为了我们的理想和抱负,做出我们自己的努力和贡献。"——清华大学研究生支教团队员罗锦郎

　　1998 年,清华大学响应团中央、教育部号召,组建了研究生支教团。二十年来,清华大学研究生支教团薪火相传,322 名志愿者分别前往西藏、青海、甘肃、宁夏、山西、河南、河北、湖南等地区接力教育扶贫,为中西部地区发展贡献了青春力量,更在服务与奉献中了解了国情民情,明确了成才报国的人生志向。

弘扬志愿精神,接力教育扶贫
为中西部地区发展贡献青春力量

　　二十年来,一届届志愿者始终奋战在教学第一线,用自己的青

春点燃中西部贫困地区希望的火种。

他们在课堂上挥汗讲授，在深夜里伏案备课，他们为了教学方案讨论得"面红耳赤"，为了家访能覆盖每一位学生，在节假日里跋山涉水。他们努力用好支教一年中的一分一秒，将自己知道的一切教给最爱的孩子们。

他们所教授的班级和科目成绩总是名列前茅，他们支教的学校考出了第一个"清华""北大"，更重要的是，他们在孩子们的点滴进步中，看到了中西部贫困地区发展的希望。

扎根中国大地，了解国情民情
向社会学习，向人民群众学习

从象牙塔来到祖国的西部，在支教的一年中，志愿者们扎根中国大地，了解国情民情。利用节假日，他们行走在田间地头开展调研，走村入户与老乡促膝交流。

在日喀则平均海拔超过 4 000 米的拉木堆村，他们与驻村扶贫干部围坐在土房的火塘边谋划乡村发展；在湘西大山深处的十八洞村，他们与贫困户讨论精准扶贫。向社会学习，向人民群众学习，他们在行走中思考，在艰苦的环境中砥砺意志品质。

研究生支教团座谈

不忘跟党初心，牢记青春使命
坚定为祖国和人民矢志奋斗的信念

一年的支教不仅让志愿者们爱上了这片支教的土地、牵挂上了这群可爱的孩子，更在他们身上打下了深深的家国烙印。支教的经历让他们开始理解党的初心，感受到肩上沉甸甸的责任，同时也更加明确了成才报国的人生志向。

许多志愿者回到清华后成长为"双肩挑"学生政治辅导员，还有很多志愿者在研究生毕业后选择前往条件艰苦的基层一线工作，他们中的王佳明（环境学院 2008 级本科生、2013 级研究生，第 14 届研究生支教团成员）前往四川地震灾区街道工作，普布多吉（水利系 2009 级本科生、公管学院 2014 级研究生，第 15 届研究生支教团成员）则选择返回家乡西藏乡镇工作，他们希望用自己的选择和行动诠释当代青年的责任与担当。

经过 20 年的发展，清华大学研究生支教团逐步形成了完整的人才培养链条和系统的工作体系。支教前，志愿者们在校内外进行了为期一年的系统培训，努力提升专业教学水平；在服务学校，志愿者们则秉持"做有温度的教育，做有力度的公益"这一理念，奋战在教书育人第一线；服务期结束并返校入学后，有 70% 的志愿者担任了"双肩挑"学生政治辅导员；研究生毕业后，更有 70% 的志愿者选择前往基层或重点行业工作。

截至目前，清华大学研究生支教团累计服务时长超过 75 万小时，教授学生超过 1.9 万人。2018 年，清华大学研究生支教团获得学雷锋志愿服务"四个 100"先进典型最佳志愿服务组织等荣誉。

曹超纪：基层三十日，体会真正的扶贫百态

供稿　唐仲英计划

- 曹超纪　清华大学地学系 2017 级硕士研究生

跋涉千山万水，洞察基层百态

　　地学系硕士研究生曹超纪来自云南，作为一个在云南的汉族人，她常常因被身边同学问到"你是不是少数民族？云南的少数民族同胞过得好吗？"这样的问题时的一无所知而略感尴尬，这也促使她萌生了想通过到家乡少数民族聚居地实习来补上这一课的想法。

土墙下的老旧房间

于是,今年暑假,曹超纪自主申请了唐仲英计划的暑期实践,来到云南省双河苗族彝族自治乡,进行了为期 30 天的挂职实习活动。

谈起双河乡,曹超纪不自觉地在言谈中细数出它的四个突出特点:少数民族自治乡、贫困面广及贫困程度深、自然条件差、人文背景复杂。

雨天根本无法行走的泥巴路,为扶贫时刚刚修建,原本无路

曹超纪打趣地说,自己在双河实习 30 日的生活,可以用 30 个字来概括:常在山梁上,常在地沟头,脚步跟不上,苗语听不懂,不仅怕蜜蜂,还要防着狗。

当地觉得清华学生的文字功底很好,于是让她主要负责文件处理等工作;而为了增加自己对基层的了解度,她还经常主动要求跟着村干部上山去看望贫困户。泥泞的山路让曹超纪在一个月"上山下乡"的过程中磨坏了两双鞋,却也把少数民族地区扶贫事业的痛点深深地印在了她的心里。

这一趟的基层实习经历,在田间地头,在农家小院,在泥泞的山路上,那些所见所闻都给了曹超纪很大的触动,让她对扶贫产生了很多思索。

乡亲与村干部使用苗语交谈

扶贫思索："扶贫不落一人"意义何在？

亚当·斯密在《国富论》里提出，市场这只"看不见的手"可以使经济达到平衡，而政府的过度干预则可能扭曲社会激励。按照这个逻辑，扶贫、扶懒汉是否会滋生"等、拿、靠、要"这类妄图不劳而获的社会风气呢？"扶贫不落一人"的意义又何在呢？

怀着这些从书本理论中产生的疑问，曹超纪试图从真实的基层生活中寻找答案。世事百态，贫因万千，在农村，一碗面条一勺油、一人得病一家穷、一方水土养不活一方人的贫困家庭不是个例。在这里，伴随录取通知书一同而来的，不只是寒门出贵子的喜悦，还有父亲一人做工难以负担三个孩子学费的愁苦。

而更让曹超纪印象深刻的是，贫困限制着孩子们的想象力：一次下乡走访中，当书记向余勋燕小朋友提起她就读于清华时，这位小朋友眼神里交杂着惊讶、向往喃喃道："天啊……我想都不敢想……"这样一个十七岁的女孩，母亲杳无音讯，父亲住在精神病院，她的一天忙碌于做饭、喂猪、收拾家务，然后才是上学。那一刻，曹超纪竟张不开口说出只言片语，生怕哪一句会带给她失落。

一方水土养不活一方人

自立自强的余勋燕小朋友

　　基层的贫困百态带给曹超纪的冲击远不止于此。

　　一家九女光脚跑、少年孤儿早当家、中年慈父苦凑钱、独居老人难度日……几日工夫，基层贫穷种种无奈的现实彻底颠覆了曹超纪先前的思考，在"看不见的手"以外，政府调控这只"看得见的手"在扶贫工作中发挥着不可替代的作用。

在经济效率之外，同样有其他我们需要追寻的目标，曹超纪也逐渐开始明白"扶贫不落一人"的意义所在。

扶贫之艰：远比想象中更加复杂

随着实习的逐渐深入，曹超纪接触了越来越多的乡亲与干部，了解到扶贫工作的政策与落实现状，也体会到了扶贫工作极大的复杂性，这是她之前从未想到、也从未接触过的。

有些问题与当地的民族风俗习惯有关，比如堂屋地面留有坑洼凹槽，是苗族代代相传的习俗，但却显然不符合住房地面硬化的标准。对于这些习俗，必须要理解尊重，灵活调整评价指标。

312

但也有一些很难理解的情况。曹超纪给我们讲述了几个小故事：当时他们乡镇干部百般相劝，终于劝得某一户同意弃危房，然而却因算命先生一言，这家人非要将房屋正面朝山里背面朝山外；又如双河村杨家为修新房，一家人蜗居在临时搭建的砖棚里，时间紧张又资金短缺，却偏偏要修拱门，既耗时又耗钱；山顶五保户新房装修连卧室门也要装防盗门……这样的怪象并不少见。

双河村卡户杨家修房要修拱门

让曹超纪深有体会的，还有一些贫困户各种各样的拒绝搬迁的理由。生活在背后是峭壁、面前是深沟这样的"一方水土养不活一家人"的地方，张姓一家人以"进城生活没有谋生手段，觉得丢人"的理由，拒绝政府异地搬迁的帮助。而天池熊家，道路不通时，拒绝搬迁的理由是"路不通东西搬不走",道路修通后,拒绝搬迁的理由则变成了"路都通了还搬什么"。面对住房扶贫拆迁,各种各样拒绝的理由层出不穷,有的理由甚至让人难以辩驳。

五保户装修,连卧室门也安装防盗门

同时曹超纪还观察到另一个扶贫怪象,她概括为"卡户修房钱不够,村干部来凑"。她跟着乡干部走访过程中发现,由于住房验收迫在眉睫,虽然村干部每天上门劝说,但是贫困户苦于没钱,房屋工程迟迟不动工。为了应对脱贫住房验收,村干部只得自掏腰包,借钱给贫困卡户修房。

这些基层扶贫的怪象引发了曹超纪的很多反思,譬如:扶贫在精准定位贫困户的基础上如何更好地做到精准分析进而精准施策?在帮助贫困户的过程中如何兼顾形式脱贫和意识脱贫?脱贫效果第三方评估如何做到反映真实情况?

这些思考更加坚定了曹超纪的决心,希望投身公共部门做好自己力所能及的改变。

扶贫一线:曹超纪的党政办成长记

回望这过去的30天上山下乡的生活,曹超纪看到了"扶贫"二字更鲜活的含义,而在乡镇党政办工作的点点滴滴则让她对政府工作有了切肤之感。

清华大学研究生的标签,使得大家自然地把她和"文字功底强"这件事挂上了联系。不进村的日子里，她的工作则主要是收发公文、修改工作报告、撰写扶贫先进事迹材料。

曹超纪介绍，公文相关工作让她迅速熟悉了乡政府领导班子的分管事务，熟悉了政府各项工作的进度和难点，而政府公文划整统一的格式、简短明确的措辞，让她学习到了一种比平常她所看的"软文"简洁有力得多的表达方式。

不过，"软文"也不是全无用处。在撰写扶贫个人先进事迹材料时，曹超纪也发挥了自己的写作才能，让乡里申报的先进事迹多了一些人情味。最后在评选时，她们乡所提交的材料成了县里唯一上报的材料，这也让曹超纪感觉自己有了用武之地。

曹超纪在办公室的日常工作场景

在曹超纪的公文处理之余，干得最多的就是接待上访。天池村村民认为土地确权有猫腻来访，苗族老妇低保被清理来访，林地纠纷官司来访……可谓络绎不绝。其中，天池村村民的上访令她最为印象深刻。

一天，曹超纪正在办公室处理公文，突然，一阵骂声打破了午后的宁静。进了党政办，老爷子更是不听劝说，高声叫骂，曹超纪上前想要阻止，也立刻招来怒骂。委屈和不甘一下子涌上心头，曹超纪没有放弃，她脑子一转，决定用在唐仲英计划课上学到的 4D 全能沟通法一试(感激欣赏＋换位思考＋目标展望＋行动执行)。

为了使老爷子安静下来，她反问道："老人家，您的孙女也跟我差不多大吧？如果她在外面被人这么吼，您舍得吗？"

老爷子一愣，她立马抓住契机："您看，您遇到了问题首先想到来找政府，我们十分感激您的信任。就好比工作是我们的饭碗，土地对您来说也是糊口的命根子，所以我们非常理解您的愤怒。如果咱们能好好地梳理清楚这个事，我相信政府一定可以给您一个满意的答复。现在请您先别着急，我们找专门负责土地确权的同事一起来解决这件事，您看可以吗？"说完后，曹超纪屏气看着老爷子，生怕安抚失败吵闹继续。

结果，老爷子咧开嘴，笑呵呵地看着曹超纪说："你这个小女娃，讲话真有意思，那找人来说吧。"顿时曹超纪心中松了一口气，心里窃喜终于可以缓一缓了！曹超纪通过对课堂所学的活学活用，完美展现了其自身的公共服务思维与素养。

党政办的实习，让曹超纪收获的不仅有工作经验，还有一群不同年龄的朋友。曹超纪给我们讲起办公室同事的故事，真是如数家珍，比如办公室涛哥每天下班都要给刚满四个月的女儿洗尿布，罗主任的儿子今年就高三了，省委组织部的选调生道哥今年年满要调走了……她说真幸运，自己能拥有这么多美好的回忆。

正如 2008 届一位毕业生的《房子不是最重要的，爱才是》一文中曾写道：我们所受的教育，从来没有承诺我们有 TOP 级的物质生活，更多的是让我们无论生活在什么样的环境中，都不失德，都不丧志。

30 日里，曹超纪沉下去，沉在双河乡的田间地头、身处扶贫第一线。30 日后，她的心浮起来，实习经历让她感受到建设家乡的召唤。

将相本无种，儿女当自强。家国情怀根植内心，历尽艰苦不忘

315

初衷,曹超纪说她希望自己在学校接受更多的知识训练,毕业后能够扎根大地,为提高更多人的幸福感贡献自己的微薄之力。

曹超纪生活照

马克思主义学院研究生群体：
信仰，让青春的脚步更加坚定

文　叶子鹏 骆文杰 车宗凯

他是一位特殊的"人"，更准确地说是"他们"。

因为，这不只是一个人、几个人，而是一群人、一代人。十年来，这群人耕耘在思想的沃野、奔跑在时代的前沿。十年风雨，十载春秋，他们始终奋进在时代的前列，他们用行动唱响属于青春的信仰之歌。他们是清华大学马克思主义学院研究生群体，一批实干派、一列排头兵、一群解说员、一支服务队。

马克思主义学院研究生群体照

青春更加闪耀 他们是实现青春价值的"实干派"

2018 年 6 月上旬,清华大学马克思主义学院 2018 届研究生毕业班全体同学给习近平总书记写信,汇报了在校学习的情况和毕业的职业选择,表达了一生学习、研究、宣传马克思主义的牢固信念,为国家和社会奉献一生的坚定志向。6 月 29 日,在即将毕业之际,同学们欣喜地收到了习近平总书记的勉励寄语。

总书记表示,得知同学们在校学习期间收获很大,立志毕业后为国家和社会奉献一生,感到很高兴。他希望同学们无论继续深造,还是踏上工作岗位,都始终坚持对马克思主义理论的学习,提高运用这一科学武器分析和解决问题的能力,坚定为祖国和人民矢志奋斗的信念,以实际行动书写无愧于时代的青春篇章。

陈旭老师与马克思主义学院师生集体学习习近平总书记的勉励寄语

"实干让情怀落地"。作为清华马克思主义学院的研究生,他们的青春情怀与青春担当闪耀在他们饱蘸着家国情怀、充满着学术追求的职业选择中。在毕业班的 30 名同学中,有 14 名同学选择了继续在马克思主义理论领域深造,6 名同学前往中央和地方公共部门服务，4 名同学前往国民经济战线服务，还有 6 名同学担任了知名高校的马克思主义学院教师。2018 届博士毕业生夏清毕业后选择留校做一名思想政治理论课教师，继续从事马克思主义理论的研究和教学。她说，新时代的发展需要我们这一代付出更为艰巨的努力，讲好中国故事，发出中国声音，未来将按照总书记的要求，传承发扬清华又红又专的光荣传统，在学习实践中不断砥砺前行。

2018 届硕士毕业生赵玉毕业后决心离开大城市的舒适生活，到祖国最需要的地方去任职锻炼，在他看来，青年，就是要"始终把个人发展与国家民族时代的需要相结合，以饱满昂扬的精神状态扎根在祖国最需要的地方磨炼成长"。同样是 2018 届硕士毕业生的骆文杰将继续读博深造。他表示，自己会努力学精、悟透、用好马克思主义理论，深入学习领会习近平新时代中国特色社会主义思想，始终坚定信仰，争做新时代青年马克思主义者。

319

马克思主义学院 2018 届毕业生赵玉（左一）
奔赴新疆维吾尔自治区基层工作

从总书记的亲切勉励到他们的职业选择，这其中饱含的是内化于心的青春信仰，是外化于行的青春实践。用青春的选择践行对总书记的郑重承诺，让自己无愧于时代、无愧于青春，他们是新时代的实干派。

夯实专业功底 他们是坚守理论阵地的"排头兵"

"马院姓马，在马言马"。舍小家顾大家，在各种条件缺乏的年代里用苦干、巧干、实干，努力提升思政课教学效果是清华大学老马列人的光荣传统。十年来，清华大学马克思主义学院研究生群体继承清华老一辈马列人的光荣传统始终坚持做研究马克思主义理论的"排头兵"，踏实求学问、专心练本领，用更加扎实的理论功底、更加深厚的理论底气坚守马克思主义理论的主阵地。

他们是马克思主义理论的学习者。"深学、常学、带头学"是马克思主义学院研究生们的具象呈现。在课堂上，他们学理论、夯功底，和老师一起探究马克思主义理论的真理；课堂外，他们研读经典，定期举办青年读书会，在老师的带领下读经典、悟原著，与马克思主义经典作家"跨时空"对话，涵养正气、滋养精神，坚定地做"国家意识形态的阐释者、宣传者、守护者"，努力向着成为一名"马克思主义教育家、理论家、宣传家"的方向不断前行。

马克思主义学院研究生集体前往人民大会堂现场
聆听学习习近平总书记在纪念马克思诞辰 200 周年大会上的讲话

他们学习的课堂不止在校园内,他们还积极参与国家重大政治活动,在 2018 年的 5 月 4 日集体前往人民大会堂现场聆听学习习近平总书记在纪念马克思诞辰 200 周年大会上的重要讲话。

他们还是马克思主义理论的研究者。"在马信马就要在马研马",他们依托学校提供的理论学习优势平台,深入开展马克思主义理论的学术研究,深化对马克思主义理论领域的重大基础理论问题和党的创新理论的研究,努力产出高质量、高水平的科研成果。他们注重理论研讨与经验交流,定期举办、参与"清华、北大、人大、北师大"四校的马克思主义博士生论坛,与四校同领域同学分享理论学习心得、切磋理论研究感悟;他们定期举办马克思主义学院求真系列论坛,邀请马克思主义理论名家走进校园为同学们传经送宝,营造"比着学"的良好氛围。

马克思主义学院研究生在"中国特色社会主义研究"课堂上

青年影响青年 他们是宣讲时代故事的"解说员"

"精通的目的在于应用"。作为马克思主义理论专业的研究生,他们不仅努力提升自身理论素养,同时也奔走在传播理论的第一线。马克思主义学院研究生始终服务于学校的理论宣传和思政育人工作，特别是党的十九大召开以来，他们围绕思想引领的核心任务，依托自身专业的讲师团队伍，发挥自身理论优势，在课程中增加有态度、有温度、有亮度的有效内容供给，及时回应同学们在学习生活、工作甚至社会舆论热潮中所遇到的真实困惑，真正避免了"曲高和寡"，充分发挥联系同学、服务同学、引领同学的重要功能。

马克思主义学院研究生田桥为学校师生作主题宣讲

在校园里，他们把马克思主义理论的光芒带给身边的每一位同学。这一年里，配合学校基层党组织建设提升年活动，他们走进了全校34个院系和192个包含教职工支部的党团班集体，走进了学校研究生团委、研究生会，辅导员、研究生德育工作助理群体以及马克思主义学习社团和兴趣小组等群体中，和全校同学们面对面交流心得、分享体会、诉说感悟，用"最身边"的青年话语体系阐述理论哲思，用最小的年龄差别带来朋辈互助的"理论版"。

在校园外，他们把汗水挥洒在脚下这片土地的每一个角落。这一年，他们走基层、进机关、入高校，用自己的亲身体会诠释身边的"历史性变革"。他们走进中央国家机关和北京市直机关，走进中共中央党校、北大、人大等京内外高校，深入北京市的街道社区和西南边陲的贫困地区，分享理论学习体会，打通"三进"的最后一公里,让理论走出课堂、让宣讲深入民心、让精神扎根时代。他们不仅有"钻书斋"的毅力和耐心,也有"当大脚掌"的定力和真情。一年来,他们宣讲场次累计达到 351 场,覆盖人数近 23 000 人次,在校内外产生了广泛影响。

马克思主义学院研究生金哲(左七)为乐秋乡干部群众作主题宣讲

助力思政育人 他们是深耕思想心灵的"服务队"

清华大学思政课教学团队是全国思政课首个国家级教学团队,曾获得国家级教学成果一等奖。在教学改革的浪潮中,清华大学思政课教学团队主动迎接挑战,利用机遇,探索新模式,混合式教学思政课应运而生。

在教学过程中既联系大学生的思想实际,通过传授知识与思想教育相结合、系统教学与小班专题讨论相结合的模式;又创新教学方法与模式,加强学生对于马克思主义的理解和运用。既有慕课平台的远程学习,也有面对面的线下交流,真正发挥出 1+1>2 的效果。

在"精心呈现"的思想政治理论课的背后,除了授课教师的认

马克思主义学院研究生助教倪博闻
组织思政课同学开展小组讨论

真"死磕"，也离不开助教们的"护法"保障。可以说，一支素质过硬、能打胜仗的助教队伍是思想政治理论课教学得以顺利开展的重要保证。在清华大学思想政治理论课教育教学的过程中，马克思主义学院研究生群体参与其中，并贡献着重要的力量。

他们或服务于纲要课程，和任课教师一起为同学们点亮精彩的历史世界；他们或服务于思修课程，配合任课教师和同学们一起讨论人生价值、探寻人生道路；他们或服务于马克思主义基本原理课程，为同学们原汁原味学原典、悟原理、读原著提供各项保障。他们是思想政治理论课教学的"护法天团"，他们是清华思想心灵耕耘战线上的服务队。有时他们的一次助教培训会就能开9个小时，从早上8:30开到下午17:20，也正是对文献主旨和延展性议题反复打磨的"魔鬼训练"才孕育了如今既有营养又有滋味、既解决实际问题又受到学生们欢迎的"清华特色"思政课。

这一年，他们为全校本科、硕士、博士生的逾百门思想政治理论课担任助教，配合教师丰富内容、创新形式，带动课堂活跃度，提供各项服务保障。"台上一分钟，台下十年功"，他们累计工作时长近6 000小时。

**马克思主义学院研究生助教王博伟（中间）
组织思政课同学开展小组讨论**

　　青春的方向在哪里，时代的方向就在哪里。十年来，他们用信仰装点青春、用实干坚定步伐。青春无问西东，岁月自成芳华。他们是励志的"实干派"、是钻研的"排头兵"、是奔走的"解说员"、是走心的"服务队"，他们，是清华大学马克思主义学院研究生群体。

清华大学唐仲英爱心社：
公益之行，我们永远在路上

供稿　唐仲英爱心社

　　清华大学唐仲英爱心社（下文简称"唐社"），成立于 2002 年，由校内"唐仲英德育奖学金"获得者以及志愿社员组成。2016 年，初次参加社团评优，获评优秀学生社团；2017—2018 年连续两年获校内十佳社团荣誉；并于今年获得了清华百年树人德年公益文化奖优秀社团荣誉。荣誉背后，是无数心怀公益的社员们与社团共同的努力与付出。公益之行，我们永远在路上。

唐仲英爱心社 2018 秋迎新会

"服务社会，奉献爱心，推己及人，薪火相传"

服务社会，奉献爱心，推己及人，薪火相传。这是清华大学唐仲英爱心社的宗旨，是社团一贯秉承的做事原则和精神指引。在这样的宗旨之下，社团开展了内容丰富、形式多样的活动。据统计，唐社平均每学年开展学期内支教近 30 次、公益类寒暑期实践 3~5 次。

做公益——"把爱袋走"

怀来支教

寒暑假实践调研

唐仲英爱心社校内外公益漫画

支教项目主要有"怀来支教""音画梦想支教"和"花刺支教"。
怀来支教，是同河北怀来 7 所中学建立的长期合作关系，是从

攻略一

怀来支教
唐仲英爱心社与怀来县14所贫困中学结对
定期举行支教活动
支教活动是创意DIY的形式
你的支教你定义
目的就是为那里的孩子带去
最新鲜的知识和见闻
你将收获真挚的情谊和自我的升华

唐仲英爱心社怀来支教公益介绍漫画

唐社创立之初就存在的支教项目，今年还和学生会国际部合作来增加支教次数。社团期望通过一代代唐社人的努力，化短期支教为长期帮扶。

唐仲英爱心社怀来支教合影

音画梦想支教，是与社会公益组织"音画梦想"合作开展的公益支教项目。支教要求每学期连续8次，有为授课对象专门编写的课本。"是音画梦想负责任的态度和科学的支教形式吸引了我们。"负责人这样说道。

唐仲英爱心社音画梦想公益支教活动

　　花刺支教,是由社团"花刺"项目衍生的支教项目,针对不容忽视的青少年儿童自我保护和安全教育问题,每学期4次。支教负责人谢晓草说:"光后必有影,我们关注的就是繁华城市背后被遗忘的群体。"

攻略三

花刺
花儿是美丽婀娜的
但如果花没有刺的保护
就很难避免任人采摘的悲剧
近年来女性、儿童遭遇侵犯的报道屡见不鲜
如何给美丽的花以刺的保护
是花刺项目的目标
花刺项目旨在通过给予性安全教育
提升女性和儿童等弱势群体的自我保护意识和能力
欢迎加入我们

唐仲英爱心社花刺计划公益宣传漫画

　　寒暑假实践主题涉及支教、弱势群体保护、少数民族文化、社会政策调研等。

　　2017年寒假,社团前往石家庄调研弃婴岛现状;同年暑假,社团开展了云南福国寺支教第二期、陕西马召中学联合支教以及摩梭人音乐文化保护实践。

唐仲英爱心社弃婴岛调研支队

唐仲英爱心社赴云南福国寺支教支队

2018 年寒假，社团赴安徽金寨光爱学校开展支教，同时也与学校创建人石清华共同探讨特殊儿童教育问题，公益类学校的发展前景等，形成 6 万字报告以供各学生公益类社团参考。

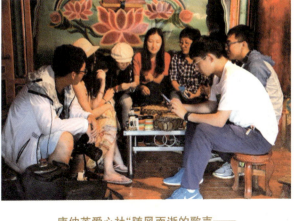

唐仲英爱心社"随风而逝的歌声——
摩梭人音乐文化"调研支队入户访谈

暑假期间,月溪中学支队去往瑶汉两族聚居的贫困山乡月溪,为孩子们带去丰富的课程。垃圾村调研支队在天津青光镇,针对垃圾村为何存在、现状、经济利益、环境效益等问题进行了深入探讨。

唐仲英爱心社月溪中学支队

"通过丰富多样的公益实践活动,践行社团宗旨,不断创造点滴美好,为社会做出力所能及的正向改变",正是社团如此重视实践的原因。

唐仲英爱心社垃圾村调研支队

"用创新让校园公益时刻焕发活力"

创新能力是唐社的一大特色。社团下设"企划部",孵化并开展多个创新性公益项目,旨在探索校园公益的更多可能性,并为有独特公益想法的同学提供平台。花刺项目在 2018 年获得了"德年公益文化奖"优秀项目的荣誉,"语温""跳蚤市场"项目成为成熟的项目长期运行。在 2018 年的 22 所兄弟院校交流会上,清华唐社就项目创新上台分享,获得老师和同学们的一致好评。

第十届唐仲英德育奖学金交流会唐仲英爱心社公益项目分享

爱网——为老人开设基础网络使用教程,帮助他们融入网络世界。今年,爱网线下教学活动让 300 多名老人从中受益,现已经着手开展线下活动与线上平台相结合的形式。

唐仲英爱心社爱网项目教学图

花刺——致力于提高青少年儿童的安全意识和性别意识、增强自我保护的能力。现已获北师大课题组、希希学园等组织的帮助,与暑期实践支队等开展合作,努力打造更高层次、更大规模的活动。

唐仲英爱心社花刺计划教学图

把爱袋走——对校园内的横幅、海报等闲置资源进行改造，由此来传播环保理念。曾多次联合班级进行袋子制作活动，并联合绿协、清源协会举办了公益环保大赛。

唐仲英爱心社"把爱袋走"活动

谈到创新，社长团成员何福建认为：一些传统公益项目的过时和公益领域的同质化竞争，使得公益创新成为必然。而公益创新的核心不在于新项目的孵化，而在于通过理念更新、制度激励、平台搭建等多种途径，培养兼具公益意识和创新能力的人才和团队。公益创新不仅是项目的创新，更是来自公益理念的创新。

"公益之行，我们永远在路上"

2002年创立之初，社团内只有寥寥数人，运营项目也以常规支教为主。十几年的时间，唐社每年入社100多人，常规人数维持在300人左右，校内校外开展的项目多达十几个，成为一个综合的大型公益社团。

这样的高速发展离不开每位"小唐心"的共同付出，但收获的，也绝不只是一份经历。

六字班社员李金龙和很多同学一样，大一加入唐社，直到大三也在积极参加活动,唐社带给他的是一份很强的归属感,还有对公益的重新认识,"不仅是支教,更是内心为他人考虑的那份善良。每个人的内心都有所缺失,公益却可能填满这一切。"

李金龙与支教地小朋友

内联部部长陆瑶说:"在公益社团里,大家可能对公益性质不强的内联活动兴趣不大。我们将活动与同学们的实际需求结合,举办了荧光夜跑、集体游泳、集体自习等活动。唐仲英基金会一直强调'家文化',我们也希望大家能在唐社找到家的感觉。"另一方面,实践部部长丁奕博说:"我们给大家努力创造的,不仅是机会和同伴,更是一种方向、一种带动。"

陆瑶

　　前任副社长唐海景说："唐社是一个开放、创新和包容的平台。在这里，个性四射的同学们为了志愿公益聚在一起，在碰撞和交流中出想法，在努力和团结中办活动，在传承和革新中建制度。经过在唐社的时光，我想唐社人在以后对待公益这件事情会更认真、更专业。"

唐海景

赵轶男

　　社团现任社长赵轶男说:"希望唐社能够与其他公益社团一起,成为'校园公益的领头羊,实践育人的践行者,公益人才的培养者,创新项目的开拓者',为园子内外的人们带去一份温暖。"

　　无论是几字班,无论是什么身份,加入唐社,就会成为公益的践行者和志愿精神的传递者。而也正是在志愿、兴趣、理想、期许、精神上的不断接力、薪火相传,才让唐社走到了大家面前,才让唐社能在以后的公益之路上越走越远。

李茂林：干事创业，一心报国——
做有担当的五道口人

文　李茂林

• 李茂林　清华大学五道口金融学院 2014 级硕士研究生

李茂林　2014 级金融硕士

大家好，我是清华五道口 2014 级金融硕士李茂林，2016 年毕业后进入国务院扶贫办，成为一名扶贫人。2017 年主动请缨到国家级贫困村——甘肃省定西市渭源县田家河乡香卜路村担任驻村第一书记，投身到国家三大攻坚战之一的脱贫攻坚战中。

我来自重庆，那里山险峻冲破云霄，水湍急一泻千里，以此让千里为重、广大为庆的重庆在神州大地上铺展开来，而自己从小也在一脚水、一脚泥中浸润着山城气质。成广大、致千里，始终是我成长的指导原则,而这离不开明确的方向和持久的动力。

2008年我考入清华大学经管学院,拓展了生命的宽度;2011年休学入伍两年,增加了生命的厚度;2014年进入清华五道口金融学院深造,完成了专业学习上的二次加油;2016年毕业后进入政府部门并来到扶贫一线。

李茂林2012年参加重大军事演练

清华五道口虽地处繁华区域,静谧的书香氛围却与喧嚣隔绝,每一次回眸,车水马龙旁的红墙绿树令人神驰。谈笑有鸿儒、往来无白丁是对这里的最好注释。

国内不缺金融名院,每一位金融学子都面临多重选择,但清华五道口有着一枝独秀的独特气质。心有所属,庆幸自己求学的一站是五道口。

五道口小院有围墙、却无藩篱,因而能百花齐放、流光溢彩。从金融学原理到公司金融,小院有幽默的王正位老师也有严谨的田轩老师;从宿舍到书桌,小院的一百米串起了生活的五味杂陈,有限的空间幻化着无限的人生。我们有趣味运动会和各类晚会,欢声笑语的陪伴替代了形单影只的匆匆。这里,我们不仅握住了劈波斩浪的利器,更绣成了温情淡然的灵魂;这里,不仅绽放了自己,更收获了友人。

李茂林在清华五道口学院毕业典礼上

从一名学生到一名公仆，从耳闻眼见到干事创业，从华灯闪耀的首都北京到星星点缀的贫困村落，虽然我失去了在富饶都市工作和生活的舒适便利，但却得到了与贫困在一线搏斗的机会，第一次面对贫困农村与贫困人口，告诫自己要正视困难"不怕苦"。

贫困地区要追赶发达地区的步伐，弯道提速势在必行，这片土地需要以前所未有的节奏干前所未有的事，对标先进、抢抓先机，淘汰贫困，必须"敢为先"。

贫困村的脱贫攻坚不是少数人的事，少数人也干不成这件大事，最大程度上地组织和动员大多数人参与其中，万众一心、众志成城，"讲团结"是确保战役胜利的关键。

作为共产党员，作为贫困村的第一书记，在实践中"重奉献"，以一名共产党员和五道口学子的奉献精神不断校正前进的方向。

感恩"不怕苦，敢为先，讲团结，重贡献"的五道口精神，字字千金，让身处脱贫攻坚战中的自己有了指南针。

2017年驻村以来，无论是涉及全村的产业发展、抗震救灾、环境整治,还是个体农户的家长里短,自己都全身心参与其中。

我走访了香卜路村260余户农户,尤其是其中的91户贫困户,详细记录以了解村民生产和生活的实际情况,始终坚持与村民同吃同住同劳动,力求真正察实情、把穷脉。

在党支部的引领下,组建了村内专业从事生产发展的队伍,包括蜜蜂养殖、虫草鸡养殖、肉牛繁育、旅游发展、食用菌种植、中药材种植等专业小组,先后带领40余名村社干部、贫困户和部分村民代表前往全国7个省份开展学习培训。

精准扶贫关键要增强香卜路村的"造血能力"和自身发展动力,我协助光伏电站村集体控股,预计村集体年增收35万元。同时,积极引进外部帮扶力量,驻村以来先后引进40.2万元的社会帮扶资金和价值2万余元的帮扶物资,引进价值167万元的世界银行养殖项目和价值230万元的鹌鹑养殖项目落地村内开工建设,与天津上市药企——红日药业建立中药材定向收购合作关系,与上海莘华小学建立教育扶贫定点帮扶关系,与中国建设银行国贸支行建立党支部共建关系。

李茂林(中)现场协调扶贫项目开工建设

如今,金融已是脱贫攻坚的重要支撑,金融扶贫是脱贫攻坚战的重要支撑,发挥着弹药库的作用。无论是扶贫产业的落地、易地扶贫搬迁的实施,还是贫困户个体发展生产、接受教育、生老病死时的资金需求,都离不开金融的保障。

目前金融扶贫政策框架已建立、产品服务具备,政策性、开发性、商业性、合作性金融机构共同参与,形成了银行业、证券业和保险业"三驾马车"合力攻坚的金融扶贫格局。

从学校到部队,从北京到甘肃,感恩学校和组织给了自己一次次机会从不同的角度去认识我们的祖国,感受这片热土发生的翻天覆地的变化。正是这样的实践和冲击让我明白,作为青年一代,理想并不遥远,担当就在眼前。

每个人都有选择理想的权利,理想没有高低贵贱之分。在历经清华的教育,部队的历练和驻村的体验后,自己也逐渐明晰了理想,那就作为一名党员公仆,全心全意践行为人民服务的宗旨,到组织和国家需要的地方去,以自己的行动服务更多的人。

作为一名以服从命令为天职的军人,虽褪下戎装,但本色不改,听从组织的召唤前往贫困地区干事创业正是追逐理想下的责任与担当。

贫困地区,条件艰苦且困难重重,在这场没有硝烟的脱贫攻坚战役中,我们不时能听到扶贫战友流血,乃至牺牲的消息,一座座丰碑在追求理想的征途上树立起来。但这里也是广袤的平台,既能切实感受到自己所作所为给当地带来的实实在在的改变,也能感受到如同战友的第一书记们作为党的十九大代表和两会代表,向全党全国传递着扶贫的声音与力量。

到国家需要的地方去,到干事创业的一线去;多算为国为民为长远的大账,少算为己为私为眼前的小账。这就是我理解并要遵循的"有理想、有担当"。

希望各位校友更加关注基层,关注扶贫,用金融之智为这一战役加油助力,亲身见证我国乃至世界千年历史上的一次伟大跨越。

自强不息

厚德载物

美哉我少年清华，与天不老

壮哉我清华少年，与国无疆